OS DEZ MANDAMENTOS PARA VENCER NA VIDA

Robson Rodovalho

OS DEZ MANDAMENTOS PARA VENCER NA VIDA

PRINCÍPIOS PARA CONSTRUIR UMA VIDA DE SUCESSO

PÓRTICO

Preparação: José Couto
Revisão: Márcia Duarte Companhone
Diagramação: Maurelio Barbosa
Capa: Compañía
Imagem de capa: © Iakov Kalinin

CIP-BRASIL. CATALOGAÇÃO NA PUBLICAÇÃO
SINDICATO NACIONAL DOS EDITORES DE LIVROS, RJ

R599d

Rodovalho, Robson
Os 10 mandamentos para vencer na vida / Robson Rodovalho. - 1. ed. - São Paulo : Planeta, 2014.

ISBN 978-85-422-0380-6

1. Sucesso. 2. Auto-realização. 3. Motivação. I. Título.

14-12660 CDD: 158.1
CDU: 159.947

2014

EDITORA PLANETA DO BRASIL LTDA.
Rua Padre João Manoel, 100 – 21º andar – conj. 2101/2102
Edifício Horsa II – Cerqueira César
01411-901 – São Paulo-SP
www.editoraplaneta.com.br
atendimento@editoraplaneta.com.br

DEDICATÓRIA

Quero dedicar este livro a todos aqueles que
acreditam na vida, que acreditam que é possível
começar novamente, reconstruir sua história.
Quero dedicar aos meus netos, aos meus filhos,
à minha querida esposa, aos nossos bispos, pastores,
líderes, que junto conosco lutam para construir uma
história de dignidade, de amor e fé para o nosso povo.
Quero dedicar a todos os que não desistiram
e que, não obstante todas as dificuldades
e empecilhos, seguem em frente.
Vocês são meus companheiros
de sonhos e de vitórias.
Vamos em frente! Obrigado!

SUMÁRIO

INTRODUÇÃO

O livro *Os dez mandamentos para vencer na vida* surgiu de uma organização de pensamentos em que percebi que as pessoas que vencem possuem algumas características comuns.

Depois de conversar com muitas pessoas, depois de selecionar dezenas de nomes de empresários, intelectuais, profissionais liberais, líderes, concluí que os traços dos vencedores são bastante parecidos. Em alguns casos, eles se diferenciam, mas, na grande maioria das vezes, são idênticos.

Percebi também que as pessoas que vencem na vida passam por algumas trajetórias similares. A vida não estende tapetes vermelhos para todos. A vida traz oportunidades, resistências e dificuldades para todos. Portanto, você irá encontrar nestas páginas uma percepção de detalhes bastante apurada.

Tentei trabalhar os conceitos gerais dos mandamentos colocando ao lado de cada um deles uma lei que expressasse o objetivo daquele capítulo/mandamento, e intercalei esses conceitos com abordagens bem específicas, como, por exemplo, a Agenda do Líder, os Degraus da Liderança e outros temas bastante importantes, a meu ver.

Sei que as pessoas que buscam vencer na vida são persistentes, pacientes e muito disciplinadas. Talvez você sinta a falta de alguns conceitos "tradicionais" que estão presentes em outros livros; porém, acredito que os que foram selecionados para entrar neste volume são aqueles que, de alguma maneira, mais se diferenciam no dia a dia e na conquista de metas a curto, médio e longo prazo.

Continuo imbuído da missão de preparar os "vencedores". Acredito que a grande contribuição da Igreja nos próximos anos e décadas virá pela "competência".

Como abordei em outro livro, *Favor ou competência?*, a "era do favor" acabou. É claro que estou dizendo do favor dos homens, não do favor de Deus. A era do favor de Deus não acaba nunca. É o favor, a misericórdia de Deus que nos acolhe, nos abriga, nos fortalece e nos impulsiona a seguir em frente. Mas o tempo do favor dos homens definitivamente acabou. É tempo de trabalhar por competência, de se estabelecer, de ser "necessário" e não apenas "tolerado". Aliás, esse é um princípio muito importante na vida dos vencedores. Eles procuram lugares estratégicos, posições únicas, onde ninguém mais possa substituí-los. Portanto, essa busca incessante por "posições únicas" é um dos traços principais daqueles que vencem na vida.

Como a natureza do homem é passiva, se estivermos em uma estrutura que propicie a passividade, acabaremos moldando-nos a ela. Perceba que a Igreja hoje é a instituição mais apropriada e "motivadora" da sociedade. Infelizmente, as nossas instituições públicas e governamentais, que deveriam cumprir essa missão, falham do início ao fim nesse objetivo. Tornaram-se defasadas, burocratizadas, extremamente caras, e consequentemente não conseguem chegar ao coração do homem de hoje.

Por outro lado, a Igreja tem a capacidade de "dialogar" com sua audiência, porque é formada de pessoas voluntárias, pessoas apaixonadas, pessoas que acreditam em Deus e na vida. Portanto, temos de aproveitar essa oportunidade de acesso ao coração das pessoas que Deus nos delegou, talvez mais neste século do que em todos os anteriores.

Olhando para o futuro, não tenho perspectiva de nenhuma outra instituição conseguir trazer esperança para o nosso povo ao nível de qualificação, motivação e formação. Uma leitura clara e objetiva de qualquer cidade brasileira e de qualquer realidade social leva-nos a concluir que estamos vivendo uma profunda crise de estabilidade social, política, econômica, religiosa, enfim, uma crise de ordem institucional. Nesse palco, a Igreja torna-se ainda mais fundamental.

Por isso, acredito que este material poderá ajudar os líderes a compreenderem maneiras e formas de auxiliar o seu povo. Vejo que está dentro de nossas igrejas o maior contingente de pessoas decididas a vencer na vida. Isso é óbvio até pelo estilo de comportamento, pela disciplina, pela capacidade de negar os "prazeres da vida fácil".

Portanto, quero que este livro seja um instrumento útil para todo líder, para aquele que trabalha com essas pessoas. Espero que encontre, nas páginas a seguir, uma das chaves da sala da sabedoria. Espero que o livro ajude a levar você, sua família e seus liderados para um lugar onde a sabedoria sobressaia, um lugar onde apenas os príncipes possam estar, apenas os poucos selecionados, que queiram pagar o preço para ouvir e disponibilizar suas vidas em disciplina para alcançar a vitória.

Que Deus o abençoe!

Robson Rodovalho

PRIMEIRO MANDAMENTO

"Seja competente percebendo que
não existem paredes, apenas pontes,
em tudo e em todos os aspectos da vida."

É A LEI DO UNIVERSO EM PLASMA

Em um novo livro meu que está sendo editado, *A física quântica e Deus*, procuro demonstrar os efeitos da física quântica na fé e na espiritualidade. Mostro como os últimos postulados da física quântica alteraram os conceitos da física clássica, especialmente a percepção e os conceitos da energia e da matéria.

A matéria não é nada mais do que "energia condensada": ou seja, todas as "paredes e obstáculos" são fluidos; apenas demonstram ser resistentes, mas, na verdade, são fluidos e móveis.

Nós, cristãos, já trabalhamos com esse conceito no universo da espiritualidade. Desde os antigos relatos bíblicos, como a queda das muralhas de Jericó, a abertura do mar Vermelho, até a ressurreição de Jesus Cristo, esses conceitos permeiam o universo de possibilidades dos cristãos.

Mas, voltando ao assunto principal, as oposições que aparecem em seu caminho são oportunidades para você ampliar seus horizontes e seus contatos. Quando as portas parecem estar fechadas, isso pode ser um sinal de que novos contatos e novos relacionamentos precisam ser construídos por você.

OS DOIS MAIORES ERROS DE DAVI

O rei Davi é, sem dúvida, um dos maiores expoentes bíblicos. Seu nome consta entre os patriarcas de Israel, e ele é citado no livro do Apocalipse como ascendente na linhagem do Senhor Jesus Cristo. No entanto, o rei Davi cometeu dois grandes erros em sua vida, e ambos por decisões equivocadas.

O primeiro foi quando decidiu não subir com o exército para pelejar contra o rei de Amon. Ele estava esgotado pelas batalhas no ano anterior e ficou no palácio. Então, uma tarde após a sesta, ao passear pela sacada do palácio, ele enxergou Bate-Seba, jovem esposa de seu general Urias, tomando sol. Ele a desejou e a possuiu, trazendo uma grande maldição sobre sua família. Essa sua queda foi resultado de uma decisão errada.

O outro erro foi sua mudança para o lado dos filisteus. Você se lembra de que ele se tornou famoso justamente ao vencer Golias e os exércitos dos filisteus, não foi? Como imagina que a nação israelita reagiu ao ver o seu "herói" mudar de lado? Talvez por isso eles tenham continuado fieis aos filhos de Saul por mais sete anos.

Quando Davi fugiu de Saul, em seu desespero para não ser capturado, mudou-se para a Filisteia e abrigou-se sob a proteção de Aquis. Davi passou a viver em Ziclague, cidade filisteia. E, pior, juntou-se ao exército inimigo contra o seu povo (1 Samuel 21:10-5, 27:1-7).

> 1 Samuel 28:1 – E sucedeu naqueles dias que, juntando os filisteus os seus exércitos à peleja, para fazer guerra contra Israel, disse Aquis a Davi: Sabe de certo que comigo sairás ao arraial, tu e os teus homens.

Foi apenas a misericórdia de Deus e Sua intervenção que não permitiram que ele lutasse na batalha contra Israel. Mas o seu povo viu seu herói e campeão mudar de lado. Todos devem ter ficado muito decepcionados com Davi. Acredito pessoalmente que, por isso, Deus não protegeu Ziclague dos amalecitas, embora protegesse a vida das pessoas.

Davi cedeu à pressão e ao medo de ser capturado por Saul, e tomou uma decisão muito séria em sua vida. Mudou de lado, traindo seu povo, embora movido pela sobrevivência. Às vezes, cedemos nos momentos mais duros e difíceis tomando decisões na contramão de nossa história, e nos arrependemos amargamente depois.

> 1 Tessalonicenses 2:18 – Por isso bem quisemos uma e outra vez ir ter convosco, pelo menos eu, Paulo, mas Satanás no-lo impediu.

Quando o apóstolo Paulo percebeu que seu caminho para Tessalônica havia sido fechado, compreendeu que deveria seguir outra rota, e não simplesmente desistir. Aquilo foi apenas um sinal de que não era o tempo para aquele propósito, mas não que o propósito devesse ser abandonado.

Vencer resistências é uma demonstração de competência! Saber adiar ou contornar um obstáculo é uma batalha mental e está presente na história dos grandes líderes.

LULA

Um dos momentos que muito me impressionou no filme *Lula, o filho do Brasil* foi o momento em que a mãe de Lula o aconselha, quando ele está vivenciando um dos piores momentos de sua carreira política. O diálogo aqui relatado acontece antes de ele se decidir sobre a greve dos metalúrgicos, que rumo eles deveriam tomar, se retroceder ou avançar para o embate. Veja a transcrição literal:

> Mãe: Eu tenho tanto orgulho de tu... Tu tá com medo, tá?
> Lula: Medo?... Sei não...

> Mãe: Olha, meu filho... Não duvide de tu não... Tu já chegou tão longe... Olha, a gente sempre faz o que dá para fazer... Mesmo quando é pouco...Tu sabe o que é para fazer... Então vai lá e faz... Mas se não dá, tu espera... Entendeu... Tenha paciência... O mundo lá vem rodando, rodando, e a oportunidade vai parar bem na tua mão... é assim que é.

Portanto, você pode perceber que o conselho da mãe de Lula foi exatamente o mesmo da abordagem que estamos fazendo. Nos momentos de grande pressão na vida, espere, aguarde, porque o mundo roda, roda, e Deus acaba criando a oportunidade que você precisa para alcançar seu milagre.

MAO TSÉ-TUNG

A história do grande líder e ditador chinês Mao Tsé-tung demonstra essa habilidade mais do que qualquer outra. De 1913 a 1918, ele estudou na Escola Normal de Hunan, aprendendo filosofia, história e literatura chinesa. Continuou estudando e assimilando o pensamento ocidental e político. Passou logo a ser líder estudantil, com participação em várias associações. Mudou-se para Pequim em 1919, onde iniciou seus estudos universitários; trabalhou na Biblioteca Universitária, onde conheceu Chen Tu-hsiu e

Li Ta-chao, fundadores do Partido Comunista Chinês. Participou do Movimento Quatro de Maio contra a entrega ao Japão de regiões chinesas que haviam estado em poder da Alemanha; em função disso, aderiu ao marxismo-leninismo. Em 1921, Mao Tsé-tung participou da fundação do Partido Comunista Chinês. Em 1927, Chang Kai-chek assumiu o poder e se voltou contra os comunistas, e Mao fugiu para as montanhas de Jinggang, iniciando uma guerrilha que durou 22 anos.

Em outubro de 1934, Mao e seu exército seguiram para o noroeste do país, iniciando a chamada Grande Marcha, transformando-se no líder do Partido Comunista Chinês. Na Grande Marcha, apenas uma ínfima parte dos membros sobreviveu à guerrilha, ao cansaço e à fome. Mao manteve-se implacável perante o sofrimento dos seus companheiros, motivando a continuação da fuga das forças de Chang Kai-chek.

Quando a China foi invadida pelos japoneses, em 1935, os comunistas e os nacionalistas uniram-se novamente, e, no término da guerra, o exército revolucionário tinha em torno de um milhão de soldados; os comunistas controlavam politicamente noventa milhões de chineses.

De 1936 a 1940, Mao fez oposição à tese dos comunistas pró-soviéticos e conseguiu impor o seu ponto de vista, afastando do partido os seus oponentes e seguindo a técnica de Stálin de domínio unipessoal do aparelho partidário. Em 1949, derrotou o Kuomintang.

Em 1º de outubro daquele ano, proclamou na Praça Tiananmen, em Pequim, a República Popular da China; em dezembro foi proclamado presidente da República.

Mao Tsé-Tung liderava um exército bastante pequeno e sem nenhuma possibilidade contra as forças do imperador. Ele já havia sido derrotado algumas vezes pelo exército do governo. Então, esperou pacientemente que um "fator externo" pudesse acontecer. Foi quando o Japão declarou guerra à China. Essa guerra foi longa e desgastou o exército de Chang Kai-chek.

Quando finalmente a guerra acabou, as tropas de Mao Tsé-tung estavam prontas e preparadas para enfrentar novamente o exército do imperador, mas dessa vez elas encontraram um exército enfraquecido e desgastado. Mao venceu a batalha e empurrou as tropas de Chang Kai-chek para a província de Xangai, dominando assim o grande território da China e implantando o regime comunista.

Foi a vitória da paciência e da habilidade para remover um grande obstáculo, o seu adversário.

A PALAVRA "NIKE"

Você sabe o significado da palavra "*nike*"? "*Nike*" significa "vitória" em grego. No ano 490 a.C., Filípedes, soldado grego e grande corredor, foi escalado para ir correndo da pequena cidade de Maratona até Atenas, a 42 quilômetros de distância, para dar logo a notícia de que os gregos, com seu pequeno exército, tinham derrotado o incrível exército persa. Ao chegar, ele pronunciou a palavra "*nike*" e, devido ao grande esforço, caiu morto.

A ORDEM DO UNIVERSO

Quando queremos construir e edificar qualquer coisa na vida, enfrentamos muitas barreiras. O processo de construção do universo é contra o fluxo natural da vida.

O universo tem uma tendência natural à desordem e não à ordem. Isso pode ser visto pela Segunda Lei da Termodinâmica, chamada "Lei da Entropia", que estabelece que a "desordem aumenta no universo". Ou seja, só existe vida porque existe liberação de energia; mas, para haver liberação de energia, tem de existir elétrons de elementos leves saltando de camadas interiores para camadas exteriores, tornando-se elementos pesados. Ou seja, tem de haver "desordem" ou alteração da ordem anterior. Para que haja energia que gere vida, o universo tem de estar "morrendo".

Assim é também na vida humana. Barreiras e resistências esgotam nossas reservas e depósitos de sabedoria, conhecimento, habilidades, recursos e relacionamentos, para que possamos construir novos depósitos e buscarmos novos relacionamentos. São essas barreiras que nos levam para a frente.

Construir é o mesmo que edificar, e isso exige discernimento, resistência e perseverança, com paciência e muita fé!

SEGUNDO MANDAMENTO

"Cada novo território que você almeja só será conquistado ou pela violência ou pela sabedoria."

É A LEI DOS NOVOS TERRITÓRIOS

Apenas estes dois atributos são geradores de conquistas. Ou nos impomos pela violência e intimidação, ou nos impomos pela liderança, que nasce da habilidade e do conhecimento.

Quer sejam novas conquistas financeiras ou novas promoções, ou novos relacionamentos emocionais, toda nova conquista humana acontecerá pela sabedoria e habilidade ou pela força e violência. E não é preciso dizer que a única conquista permanente é a que provém da liderança legitimada pela habilidade e pelo conhecimento.

Victor Hugo, poeta e filósofo francês, escreveu: "Podemos impedir uma invasão de exércitos, mas não podemos impedir uma invasão de ideias". O primeiro é a força, o segundo é a habilidade.

Convença as pessoas de suas ideias, da lógica e do bem comum que suas ideias trarão, e você as terá ao seu lado. Mostre que no processo proposto por você todos ganham.

Não quero desprezar o conceito da força. Todos sabem que, no processo de construção, a inspiração contribui apenas com 2%, ou seja, os restantes 98% provêm da "transpiração", e isso vem pela força do trabalho.

No livro de Deuteronômio, capítulo 8, versículo 17, está escrito: "Deus te dá forças para adquirires riquezas". Eu entendo que isso passa pelo trabalho. Não existe trabalho sem energia, e esta produz riquezas. Acho bastante utópico subdimensionar a força do trabalho, como vemos alguns tentando fazer.

Alguém tem de trabalhar muito duro para obtermos os resultados que queremos. O sonho da maioria das pessoas é se aposentar e colocar o capital para trabalhar para elas, o que é uma grande ideia. Mas alguém estará trabalhando, no final das contas.

> Provérbios 21:22 – O sábio escala a cidade do poderoso e derruba a força da sua confiança.

Nesse texto encontramos a sabedoria prevalecendo sobre a força. Em meu livro *Conquistando a fortaleza dos valentes*, mostro como os "fortes" se refugiam em fortalezas, acreditando ser intocáveis dentro delas. Mas o texto prossegue, declarando que essa fortaleza somente estará segura enquanto o "forte" não encontra um sábio, porque o sábio o vence e o tira de lá.

Quantas pessoas preciosas estão presas em fortalezas de vícios, de drogas e outras mais, até que alguém com sabedoria as encontra e as ajuda em sua libertação?

Felizmente, o mundo mudou. Vivemos hoje numa sociedade de competências e habilidades que decidem as competições. A violência hoje é um atributo pouco usado, de pouca eficácia e de duração bastante breve.

EXPERIÊNCIA DE REI

John C. Maxwell, em sua obra *O livro de ouro da liderança*, narra a seguinte experiência de um rei:

Um dia, Frederico, o Grande, rei da Prússia, estava caminhando pela periferia de Berlim quando encontrou um homem muito idoso que seguia empertigado e resoluto na direção oposta.

> – Quem és? – perguntou Frederico ao súdito.
> – Sou um rei – respondeu o velho.
> – Um rei!? – gargalhou Frederico. – Reina sobre qual reino?
> – Sobre mim – foi a resposta orgulhosa daquele senhor.

Cada um de nós é um monarca da sua própria vida. Somos responsáveis pelo governo de nossas ações e decisões.

É preciso ter caráter e autodisciplina para tomar decisões boas e coerentes, fazer o correto quando necessário e refrear o impulso dos erros repetidos. Sem esse esforço, deixamos de exercitar o autocontrole – fazemos ou dizemos coisas das quais nos arrependemos, perdemos oportunidades que se apresentam diante de nós e mergulhamos em dívidas.

Como afirmou o rei Salomão: "O rico domina sobre o pobre; quem toma emprestado é escravo de quem empresta".

Você já se perguntou por que as grandes potências "libertaram" as suas colônias? Quase todo país do terceiro mundo já foi colônia de uma grande potência, mas chegou uma hora em que deu seu grito de liberdade. As próprias potências perceberam que o controle pela violência é inaceitável e desprezível, diferente do processo de liderança pelo conhecimento e habilidade.

Todo recurso que obtivemos, em qualquer nível, apenas foi suficiente para nos trazer até aqui. Para seguirmos adiante e alcançarmos novas conquistas, precisamos de novos depósitos, e aí entram novos conhecimentos e habilidades.

A Bíblia nos mostra esse princípio, ilustrado pela vida de dois reis de Israel. O rei da força e da grandeza era Saul (ele era bastante alto para aquela época). A Bíblia nos diz que Saul sobressaía a todos, do ombro para cima, ou seja, ele era projetado pela aparência de sua força e grandeza. Já Davi, seu sucessor, possuía conhecimentos, habilidades e uma energia emocional incomum.

Entenda que o seu limite não é financeiro, nem patrimonial ou ministerial. Seu limite está em seu interior; a origem do limite é a ausência de conhecimentos e habilidades, que geram a ausência de competência para aquela determinada conquista a que você se propôs.

Esses novos conhecimentos e habilidades podem ser definidos como "novos segredos" que, até então, estavam ausentes em sua vida. Para cada novo território, temos de alcançar novos segredos, que é o terceiro mandamento, que veremos a seguir.

Esses novos segredos são os acessos aos novos territórios. Eles são as "autorizações legais", que nos permitem entrar em novas regiões!

SABEDORIA DO LÍDER

Creflo Dollar, em seu livro *Oito passos para conquistar a vida que você deseja*, cita sete características que são fundamentais para o líder:

1. Saber transformar radicalmente suas palavras.
2. Saber fazer uma revisão geral no seu modo de pensar.
3. Saber assumir o controle de suas emoções.
4. Saber avaliar suas ações.
5. Saber estabelecer hábitos saudáveis.
6. Saber desenvolver o caráter de Deus.
7. Saber abraçar seu destino.

TESTE DE ESTRESSE

Além disso, você precisa estar centrado, focado, para poder discernir os seus novos segredos. Você está estressado?

Responda ao seguinte questionário e descubra se você está estressado. Por favor, observe: esse teste não tem a intenção de ser uma ferramenta diagnóstica ou um substituto para uma avaliação médica de estresse ministrada por um cardiologista, um técnico ou um enfermeiro. É somente para uma informação geral.

Responda "sim", "não" ou "às vezes" às seguintes questões:

1. *Perco a cabeça pelo menos uma vez por semana.*
   ( ) Sim
   ( ) Não
   ( ) Às vezes

2. *Sempre me atraso dez minutos ou mais.*
   ( ) Sim
   ( ) Não
   ( ) Às vezes

3. *Faço minhas refeições correndo.*
   ( ) Sim
   ( ) Não
   ( ) Às vezes

4. *Tenha problemas para dormir à noite.*
( ) Sim
( ) Não
( ) Às vezes

5. *Não consigo enviar as cartas que escrevo.*
( ) Sim
( ) Não
( ) Às vezes

6. *Não consigo retornar as ligações que gostaria em um tempo razoável.*
( ) Sim
( ) Não
( ) Às vezes

7. *Gostaria de mandar bilhetes de agradecimento, mas não os envio.*
( ) Sim
( ) Não
( ) Às vezes

8. *Não me recordo das datas de aniversário dos amigos mais próximos ou de parentes.*
( ) Sim
( ) Não
( ) Às vezes

9. *Esqueço compromissos importantes ou tenho de remarcá-los várias vezes.*
   ( ) Sim
   ( ) Não
   ( ) Às vezes

10. *Grito com meus filhos ou parceiro(a) mais do que de costume.*
   ( ) Sim
   ( ) Não
   ( ) Às vezes

11. *Pelo menos uma pessoa disse recentemente para mim: "Você parece estressado".*
   ( ) Sim
   ( ) Não
   ( ) Às vezes

12. *Sinto-me sem fôlego ou frustrado, como se simplesmente não tivesse tempo para nada.*
   ( ) Sim
   ( ) Não
   ( ) Às vezes

13. *Para me recuperar da semana de trabalho, passo o final de semana todo dormindo, comendo além da conta,*

distraído em frente à TV ou conectado à internet, em vez de interagir com outras pessoas.

( ) Sim
( ) Não
( ) Às vezes

14. *Reajo mal quando sou ignorado, questionado ou criticado.*

( ) Sim
( ) Não
( ) Às vezes

15. *Ultimamente, estou comendo, bebendo ou tomando medicamentos demais para me acalmar.*

( ) Sim
( ) Não
( ) Às vezes

AVALIAÇÃO DE SUAS RESPOSTAS:

Observe as suas respostas. Se você respondeu "Sim" ou "Às vezes" a duas ou mais questões, você está mostrando sinais de estresse.

Se você respondeu "Sim" ou "Às vezes" de três a cinco questões, sua situação de estresse é mais grave.

Se você respondeu a seis ou mais questões com um "Sim" ou "Às vezes", você precisa lidar imediatamente com quaisquer fatores que possa alterar para reduzir o seu estresse.

E se você respondeu "Sim" às questões 1, 2, 4, 9, 10, 11, 12, 13 ou 15, você precisa perceber o quanto seu trabalho o está estressando e o que pode fazer a respeito disso.

TERCEIRO MANDAMENTO

"Os segredos são as chaves capazes de acionar mecanismos ocultos e invisíveis, que lhe abrirão as portas que você necessita."

É A LEI DOS SEGREDOS

A diferença entre os concorrentes são apenas os segredos. Por que, nas mesmas áreas de trabalho, temos os vitoriosos e os fracassados, inevitavelmente candidatos a desistentes? O que os diferencia? Às vezes estão sob as mesmas condições, mas existem diferenças de detalhes quase imperceptíveis, e estes aparecerão em forma de êxito ou fracasso.

Por isso, Jesus Cristo disse aos seus discípulos que lhes daria as "chaves" do reino dos céus, ou seja, os "segredos" que lhes explicariam o reino dos céus e seu funcionamento na terra. Para cada novo território, é necessária uma nova chave, um novo segredo!

> Lucas 11:52 – Ai de vós, doutores da lei, que tirastes a chave da ciência; vós mesmos não entrastes, e impedistes os que entravam.

Jesus repreende os escribas e fariseus dizendo que eles "retiraram as chaves da porta da ciência". A palavra usada aqui é "*sophia*": termo grego que significa a "compreensão de como funciona o processo, desejo desesperado de compreender todo o quadro, conhecer a anatomia do organismo".

A palavra "conhecimento" normalmente é "*gnosis*" (grego), e o conceito é a "capacidade de enxergar as coisas na ótica espiritual ou divina, saber como proceder". Jesus disse que eles "não entraram e não deixaram os outros entrar".

É interessante que Jesus disse que eles tinham as chaves, ou seja, Deus os respeitou, embora não entrassem e não deixassem os outros entrar. Mesmo assim, eles retinham as chaves; isso porque "os dons e a vocação de Deus são irrevogáveis" (Romanos 11:29).

SUA EQUIPE

John C. Maxwell, ainda, em sua obra *O livro de ouro da liderança*, página 203, enfatiza os fardos que um líder leva, entre eles a responsabilidade de trazer seus liderados para o caminho da sabedoria.

> Os fardos da liderança são pesados. Um deles é a impopularidade, quando necessária. O colunista George F. Will, vencedor do prêmio Pulitzer, afirma: "A liderança é, entre outras coisas, a capacidade de infligir sofrimento e não

assumir as consequências disso [...] sofrimento em curto prazo, em nome de um ganho em longo prazo". Por me importar de verdade com as pessoas, meu desejo de ajudá-las eventualmente prevalecia sobre meu desejo de agradá-las.

Quando finalmente cheguei à conclusão de que considerava mais importante ajudar as pessoas do que torná-las felizes, dediquei algum tempo a pensar sobre as mudanças que isso poderia significar para minha liderança. Depois de alguma reflexão, aqui está o que escrevi:

Meus liderados não ficarão felizes quando eu...

1. Defender a minha organização antes dos desejos deles.
2. Der mais atenção a uns que a outros.
3. Promover alguns e ignorar outros.
4. Tentar mobilizá-los para fora de sua zona de conforto.
5. Pedir-lhes que se sacrifiquem pela equipe.
6. Enxergar apenas o cenário geral, preterindo as situações pessoais.
7. Tomar decisões com as quais discordam.

Todos os dias, como líder, promoverei a infelicidade de alguém. Felizmente, essa infelicidade não será resultado de minhas falhas pessoais, mas do cumprimento de minhas responsabilidades em termos de liderança. Minha atitude em relação àqueles que estão infelizes comigo deve sempre ser a certa. Eles podem, vez por outra, questionar minha capacidade, mas nunca a minha atitude. No fim do dia, quero ter a certeza de que meu melhor esforço foi útil para todos.

Escolho, todos os dias, liderar com a compreensão a respeito dos aspectos negativos da liderança. Bons líderes receberão críticas. Serão incompreendidos. Mesmo assim, mantenho-me firme nessa escolha.

A responsabilidade da liderança é muito grande porque é ela que tem essa missão de levar sua geração ao território da sabedoria.

> Colossenses 2:2,3 – Para que os seus corações sejam consolados, e estejam unidos em amor, e enriquecidos da plenitude da inteligência, para conhecimento do mistério de Deus e Pai, e de Cristo, em quem estão escondidos todos os tesouros da sabedoria e da ciência.

A sala da sabedoria e do conhecimento está estabelecida por Deus no texto acima, em que o apóstolo Paulo define os "tesouros" da sabedoria e do conhecimento, que estão em Cristo Jesus.

Que tesouros são esses? O que ele quis dizer com tesouros de sabedoria e conhecimento? Paulo, mais do que qualquer um dos demais apóstolos, recebeu o que ele mesmo chamou de Revelação. Quando lemos o livro de Efésios 3, nós o encontramos falando sobre o mistério escondido anteriormente, agora revelado, ou seja, Paulo descobriu segredos da sabedoria e conhecimento que se tornaram chaves que abriram novos territórios na sua vida e em seu ministério.

> Lucas 12:2, 32 – Mas nada há encoberto que não haja de ser descoberto; nem oculto, que não haja de ser sabido. Não temais, ó pequeno rebanho, porque a vosso Pai agradou dar-vos o reino.

Nesse texto, Jesus define exatamente esse conceito: para entrarmos no território do reino, temos que, de alguma maneira, alcançar as chaves, porque são elas que nos trazem, nos revelam esses segredos que nos capacitam a avançar e conquistar!

Vou citar agora um texto de Luciano Castelo, chamado "O perfil do líder moderno".

> A palavra "líder" vem do inglês e significa "guia". Líder é aquele que conduz, e, para isso, tem a visão do caminho certo a ser seguido. Descortina na frente os novos cenários e o que precisa ser feito para atender as novas realidades. O bom líder não se surpreende, pois é o primeiro a perceber. É o precursor, a partir de sua visão de longo alcance.
> O líder moderno está atento às novas conjunturas que se impõem quando já estamos às portas do terceiro milênio; procura adequar a elas o seu estilo de liderança, os seus liderados e a empresa; esta, em termos de redefinição do seu negócio ou missão, estratégias e valores básicos.

O negócio ou missão deve ser determinado pelo tipo de necessidade do cliente que a empresa quer e pode atender da melhor forma. Se a necessidade muda ou está em processo de mudança, também precisa mudar para conformar-se às novas realidades, de preferência antecipando-se. É melhor prevenir do que remediar.

A título de exemplo: no passado, a melhor fábrica de carruagens da Inglaterra fechou suas portas porque os clientes não mais usavam carruagens e sim carros. Da mesma forma, no Brasil, a fábrica de chapéus Ramenzoni fechou porque os clientes deixaram de usar chapéu, e a empresa não rediscutiu a tempo qual deveria ser o próximo negócio. E caiu...

Decidida a missão, qual é e qual deve ser o novo negócio, impõe-se a definição clara das estratégias – como atingi-lo e conseguir competir vantajosamente – e dos valores. Estes são a bússola, são fundamentais. Mas não podem existir apenas no papel ou no discurso sem a prática, e a prática começa pelo exemplo do líder. São os exemplos que arrastam, como já afirmava Santo Agostinho no século III: "As palavras comovem, os exemplos arrastam".

Por falar em exemplos que arrastam, chegamos ao segundo ponto básico, que é a distinção entre poder e liderança. Não é líder quem se impõe pela força e poder, mas quem usa o poder da liderança, o poder da persuasão e a capacidade de influenciar, sabendo mostrar, como um guia, o caminho que ele vê e conhece melhor. A melhor persuasão é o exemplo.

É incrível, e lamentável, constatar que já em plena virada de milênio ainda existem empresários e executivos de alto nível que confundem liderança com uso arbitrário do poder. Autoritários, inacessíveis e distantes, emocionalmente descontrolados, donos da verdade, pois não aceitam qualquer tipo de questionamento. São pessoas no fundo muito inseguras, por isso não conseguem ouvir. São excessivamente transparentes para expressar o que sentem, mas não admitem nos outros essa mesma transparência, embora paguem um preço muito alto por isso, apesar de não o perceberem ou de não quererem percebê-lo.

Pensa o líder autoritário, ou finge que pensa, enganando-se a si próprio, que com seu autoritarismo e reações duras e descontroladas domina as situações e obtém a adesão e o comprometimento dos que lhe são subordinados, pois ele é o chefe (palavra que já devia estar arquivada!).

Na verdade, tudo o que consegue é a submissão aparente, pois pela força não dão o melhor de si e, quando puderem, o derrubarão ou, no caso dos melhores, se mandarão logo que tiverem chance no mercado. Silenciosos ou politicamente submissos diante dele, na "rádio corredor" ou "rádio peão" deixam escapar o que pensam e sentem.

Os baixos resultados e a falta de qualidade e de criatividade são as piores consequências desse uso do poder dos que não sabem fazer distinção entre o poder e poder da liderança.

O modelo de autoridade na sociedade e na família mudou e continua mudando, e a empresa precisa acompanhar essas mudanças.

O líder autoritário, ou melhor, o "chefe", tem como modelo incorporado a imagem ultrapassada do pai autoritário. Nada mais questionável do que a clássica afirmativa ainda tão repetida: "Manda quem pode e obedece quem tem juízo". Quem é esperto ou politicamente hábil, é claro, não vai fazer confrontação fatal com o chefe prepotente. Seria suicídio. Mas vai fazer de conta que obedece. E o "poderoso" chefe pensa que tudo controla e que tem a adesão incondicional de todos...

Uma característica fundamental do bom líder moderno, da qual queremos nos ocupar mais aqui, é que ele trabalha efetivamente em equipe. Ele não é mais e nem pode ser uma estrela que brilha solitária no firmamento da empresa: líder e liderados devem brilhar juntos numa mesma constelação. Ele faz parte da equipe que anima, é próximo, acessível. Não faz, faz fazer.

Ao contrário do líder tradicional, não centraliza. Delega, dá autonomia, possibilitando o maior crescimento e comprometimento dos liderados e atuação mais ágil e mais criativa. Mais que tudo isso, baseado no dado científico e inquestionável da sinergia do trabalho em equipe, evita as atuações isoladas e individualistas, conduzindo e estimulando todos a atuar em um time unido que joga em conjunto, em estreita colaboração.

Essa é uma característica essencial do líder e da empresa moderna que quiser ter condições de ser competitiva no mercado dos novos cenários.

A competição interna, mais ainda quando estimulada pelas lideranças conformes ao modelo tradicional, cada vez mais tornará a empresa enfraquecida para competir externamente. A empresa de visão incentivará sempre mais e desenvolverá o trabalho em equipe ou, em um sentido ainda mais profundo, a atuação como um time. A empresa e/ou líder de visão não estimula a divisão!

A prática do *feedback* é outro ponto importante desde que realizado em clima de total transparência construtiva e receptiva. E o bom líder é o primeiro a dar o exemplo. Estimula os liderados a lhe dar *feedback* e sabe ouvir. Procura também desenvolver sua habilidade em dar *feedback*, nunca sendo grosseiro, inábil! Também, é claro, não deve ser paternalista.

Resumindo:

Por tudo o que expusemos até aqui, líder é aquele que tem a visão abrangente de longo prazo e consegue, a partir de uma alta inteligência emocional – habilidade de saber lidar com as próprias emoções e as dos demais –, arrastar os liderados pelo caminho a ser seguido, usando do poder de persuasão e da capacidade de influenciar as pessoas sem precisar apelar para o uso do poder.

O autoritário é um inseguro que se mascara atrás do poder. O líder moderno atua em equipe, conhecedor que é da sinergia e da criatividade do trabalho em equipe/time, e para isso procura desenvolver os seus liderados, utilizando e valorizando os treinamentos comportamentais como instrumento valiosíssimo do desenvolvimento pessoal, grupal e organizacional. Além disso, é claro, no dia a dia ele está muito voltado para o desenvolvimento e o crescimento de seus liderados.

O verdadeiro líder tem segurança psicológica. Não se sente ameaçado por compartilhar as decisões com os liderados e ser receptivo às suas ideias e iniciativas (o inseguro receia que esses apareçam mais do que ele), nem teme um clima saudável de transparência em que todos recebem *feedback*. Pelo contrário, ele é o primeiro a ouvir o que os liderados têm a lhe dizer para dar o exemplo. A sua principal preocupação não é destacar-se, mas que os resultados se destaquem a partir de uma equipe unida, comprometida, criativa, onde todos dão o melhor de si em mútua colaboração. Isso é que é visão e não ilusão!

A verdadeira liderança é como o fermento: aparece, sobretudo, através dos resultados e do crescimento dos liderados. Isso supõe visão e segurança. O bom líder é como "água mole em pedra dura, tanto bate até que fura" e não como o fogo: age com veemência e tudo transforma rapidamente em cinza, inclusive ele! A água é penetrante e fertilizante.

O LÍDER SABE COMO USAR OS "DESCARTÁVEIS"

A paixão é a arma de um líder. No livro *O momento de liderar*, de Michael Ussen, podemos ver como um líder apaixonado pode modificar a história de seus liderados. Na página 119, temos a história do coronel Joshua Lawrence Chamberlain:

> Em 24 de maio de 1863, o coronel Joshua Lawrence Chamberlain comandava havia quatro dias o 20º Regimento de Infantaria, conhecido como "Voluntários do Maine". Um ajudante de ordens entregou a Chamberlain o que deveria ser uma boa notícia: sua unidade com falta de combatentes estava para receber um novo grupo de 120 homens extremamente necessários.
>
> As boas notícias, porém, tinham o seu preço: os novos soldados eram amotinados. Em sua ordem formal transferindo os insurgentes para o 20º Regimento, o superior de Chamberlain o instruía a "fazê-los cumprir o seu dever ou fuzilá-los no momento em que recusassem".
>
> Ele não teve escolha, tendo de aceitar os amotinados; porém, restavam-lhe opções. Ele deveria forçar os homens à luta sob guarda armada, poderia tentar recrutá-los ou poderia esperar até que fossem negligentes no cumprimento do seu dever e fuzilá-los.
>
> Com muita sabedoria, Chamberlain soube como ressaltar a importância de cada um e depositar confiança neles.

> Embora ele não tivesse como saber, em quarenta dias comandou seus homens em uma das mais importantes batalhas da Guerra Civil, e, o mais importante, eles saíram vitoriosos.

O CAMINHO PARA A PERFEIÇÃO É A PRÁTICA

O segredo para a perfeição é a prática. No livro *Desafiando o talento*, de Geoff Colvin, podemos tirar o exemplo do violinista:

> Os violinistas tinham bastante certeza de qual atividade era mais importante para torná-los melhores: estudar sozinhos. Quando lhes perguntaram a taxa de relevância para o progresso deles de doze atividades relacionadas à música e de dez atividades não relacionadas à música (como tarefas domésticas, compras, lazer), a prática individual do instrumento era a número um, com asterisco.
>
> Todos sabiam disso, mas nem todos o faziam. Embora os violinistas entendessem a importância de praticar sozinhos, o tempo que os vários grupos realmente passavam nessa atividade diferia drasticamente. Os dois primeiros grupos, os violinistas máximos e melhores, estudavam sozinhos cerca de 24 horas por semana, em média.
>
> O terceiro grupo, os bons violinistas, estudavam sozinhos apenas 9 horas por semana.

Essa descoberta se torna ainda mais rica em significado quando consideramos outros aspectos da prática. Do mesmo modo que os violinistas tinham certeza de que aquela era a atividade mais importante, eles também foram bastante claros em dizer que isso era difícil e nada divertido. Ao classificar as atividades por esforço exigido, o estudo solo foi taxado como muito mais difícil do que tocar música por divertimento, sozinho ou com outras pessoas, e mais difícil até do que a atividade que exigia mais esforço todos os dias.

QUARTO MANDAMENTO

"Todos podem escrever
o que foi e o que é, mas somente a fé
escreve o que será."

É A LEI DA VISÃO DO FUTURO

Saber o que quer é um princípio fundamental para o sucesso. Você deve escrever a sua visão do futuro, como fala o profeta Habacuque no texto abaixo:

> Habacuque 2:2 – Então o Senhor me respondeu, e disse: Escreve a visão e torna-a bem legível sobre tábuas, para que a possa ler quem passa correndo.

Um dos princípios de sucesso em todas as técnicas de marketing e liderança é ter uma visão bem definida para toda a equipe.

Um dos postulados do sucesso da Disney World é o fato de todos os que trabalham no projeto terem uma só visão, clara e definida: "Atender bem às pessoas e fazer as crianças felizes". Do pipoqueiro ao diretor, todos repetem a mesma visão, afirma Homero Reis, consultor de empresas, *coach* e *trainer*.

Segundo John C. Maxwell, em seu livro *Desenvolvendo líderes em sua equipe de trabalho*, visão é a habilidade de vermos além do que esta à nossa frente, além do que todos os demais enxergam. É o quadro, em sua mente, de como as coisas podem ou devem acontecer no futuro, é ter uma direção bem definida, é o que faz as coisas acontecerem, é a fonte da disciplina e da automotivação. Quanto maior a visão, maior o potencial, maiores as possibilidades de sucesso.

Ter visão é encarar as possibilidades futuras sem se deixar bloquear pelos fracassos do passado e pelas impossibilidades do presente. "Somente quem pode ver o invisível pode fazer o impossível."

> Provérbios 29:18 – Onde não há visão, o povo se corrompe (perde o propósito).

James C. Collins, consultor de empresas, explica que "a visão concebida de forma correta compreende dois componentes principais: ideologia central e visualização do futuro".

Martin Luther King, um bom exemplo de liderança, apregoava: "Eu tenho um sonho". Ele não dizia: Tenho algumas ideias, podemos formar urn comitê, estudá-las e ver no que resultam.

> Seja cauteloso quando os outros são gananciosos, e seja ganancioso quando os outros são cautelosos. (Warren Buffett, CEO)

Peter Drucker, o "pai" da gestão empresarial, disse que "a visão é uma das pedras angulares da liderança, é a forma como nos orientamos para a cristalização do nosso sonho, é o retrato do rumo que queremos tornar realidade, definição que não se resume ao mundo da gestão; é o que todos os seres humanos fazem".

Peter Senge, em seu livro *A quinta disciplina*, diz que "visão é a tensão criada pelo fosso entre a situação presente e o sonho. Como toda a tensão procura resolução, ela é a fonte de energia que leva à criação de algo que não existia".

Moisés conduziu o seu povo pelo deserto durante quarenta anos porque tinha uma visão, uma terra prometida para lhes oferecer. A visão ajuda a ultrapassar as dificuldades e dá um retrato geral de onde uma pessoa ou uma organização quer estar no futuro.

Um dos pilares financeiros internacionais é a capacidade de acreditar e projetar a longo prazo. Você teria coragem de investir US$ 2 bilhões em títulos de vinte anos de uma empresa de energia, por exemplo, se os tivesse? Talvez sim, talvez não. Conheço pessoas que vivem dessas aplicações ou investimentos a longo prazo. Uma pessoa que é capaz de tomar tal decisão tem muita fé no futuro. Colocar um patrimônio desse porte em uma companhia exige muita fé e muita segurança no futuro, inclusive fé no próprio sistema que administra e cobre esses títulos. A macroeconomia funciona de maneira completamente dependente da segurança e do planejamento do futuro a longo prazo.

Se não tivermos essa segurança e essa certeza, jamais poderemos receber aquilo que nos aguarda. O futuro não pode ter "caixinhas de surpresa". Ele tem, sim, surpresas que a vida nos traz. Mas precisamos conhecer aquilo pelo que lutamos e o que enxergamos a médio e longo prazo.

O que aprendemos com isso? Que "visão de futuro" e "segurança" são a base do sistema financeiro internacional. Qual é a base de crédito das moedas das nações? Por que a libra esterlina, moeda do Reino Unido, ainda hoje é o papel mais valorizado do mundo? Em que se baseia essa decisão do mercado financeiro? Segurança é a resposta!

Mais do que lastros financeiros, dívida externa ou dívida interna, o que o mercado exige é a "segurança de futuro"!

Em 1923, um grupo de homens entre os mais ricos dos Estados Unidos se reuniu em Chicago: Charles Schwab, presidente da maior siderúrgica independente; Samuel Insull, presidente da maior empresa de energia elétrica; Howard Hopson, presidente da maior empresa fornecedora de gás; Ivan Kreuger, presidente de outra grande empresa; Leon Fraser, presidente de um grande banco; Richard Whitney, presidente da Bolsa de Valores de NY; Arthur Cotton e Jesse Livermore, investidores de ações; e

Albert Fali, membro do gabinete do presidente Harding. Depois de 25 anos, nove deles terminaram como se segue: Schwab morreu sem um centavo, após cinco anos de empréstimos; Insull morreu falido em um país estrangeiro; Kreuger e Cotton também morreram falidos; Hopson ficou louco; Whitney e Albert Fali tinham acabado de sair da cadeia; Fraser e Livermore se suicidaram.

Conclusão: Dinheiro se perde. Valores, não. Você tem a coisa mais importante que as pessoas precisam: destino.

> O risco é mensurável, logo é segurável, enquanto a incerteza não é. (Bob Nardelli, enquanto CEO da Home Depot).

"Escreve o que virá." Todos podem escrever o que foi ou que é, mas quem pode escrever o que será? Quando se escreve um diário, se escreve aquilo que está acontecendo ou o que já aconteceu. Mas o que o mundo da fé determina que se escreva é o que ainda será!

Quando Jesus apareceu ao apóstolo João, em Apocalipse, determinou que João escrevesse "o que foi, o que é e o que será".

> Apocalipse 1:19 – Escreve as coisas que tens visto, e as que são, e as que depois destas hão de acontecer.

Somente os que têm fé podem fazer isso! Nesse caso, não é apenas determinar metas a médio e longo prazo; é mais do que isso! É acreditar que o futuro já está determinado por aquilo que a nossa fé decidiu projetar!

Lembre-se de que João era o último dos apóstolos vivos e que tinha 120 anos nessa época. João estava tendo uma visão de Jesus Cristo ressuscitado, totalmente diferente da pessoa que ele conhecera. Jesus se apresenta a ele como o "filho do homem", uma figura sobrenatural, preparada para intervir no reino dos homens.

Você pode imaginar a perplexidade de João com a vida dos homens, os abusos, as injustiças, os abusos de autoridade, a escravidão e outras barbáries mais? Quando Jesus se apresenta a ele e diz as palavras "Eu sou", está mostrando a João que Ele estaria presente nos séculos, velando pelos homens, velando por nós, nossos filhos e netos. Ele continuará aqui, mesmo quando nós não estivermos mais.

Jesus mostrou a João que a imagem de cordeiro que ele possuía acabou. Aquela imagem foi para sua primeira vinda, para ensinar os homens a serem humildes como os cordeiros, a não disputarem suas posições, como os cordeiros fazem. Jesus muda agora a sua figura para uma forma muito mais agressiva e interventora.

Nessa nova aparência, ele estava preparado para agir e defender seu povo, sempre o guiando, como o Primeiro, e protegendo-o, como o Último. Ele também aparece com os "pés de bronze", pronto para entrar em qualquer lugar para resgatar os homens em suas dificuldades.

Antes de despedir-se definitivamente do seu povo, ele disse:

> Mateus 28:18-20 – E, chegando-se Jesus, falou-lhes, dizendo: É-me dado todo o poder no céu e na terra. Portanto ide, fazei discípulos de todas as nações, batizando-os em nome do Pai, e do Filho, e do Espírito Santo; ensinando-os a guardar todas as coisas que eu vos tenho mandado; e eis que eu estou convosco todos os dias, até a consumação dos séculos. Amém.

Aqui vemos uma preocupação do Senhor Jesus em trazer ao seu povo uma segurança de que ele estaria conosco pelos séculos, pelos anos, pelos e meses, pelas semanas, pelos dias.

A igreja do Senhor Jesus, ao longo dos séculos, viveu todos os tipos de dificuldades, problemas e dores. Foi acusada, injuriada, perseguida, mas prevaleceu. Acredito que foi somente por causa dessa promessa que Jesus nos deixou que conseguimos vencer e cumprir essa missão, de levar o Evangelho a todas as nações e por todas as gerações.

A Igreja sempre passou por todos os tipos de provas e dificuldades, mas sempre vimos o Senhor Jesus resgatá-la e colocá-la novamente no caminho. A Igreja desceu ao chamado "vale da escuridão" durante a Idade Média, entrou em heresias, sofreu manipulações e todos os tipos de tentativas de apropriação. Mas o Senhor Jesus a trouxe novamente ao lugar da verdade, coerência, glória e esplendor, isso porque ele estava com os "pés de bronze".

Ele prometeu que estaria conosco por todos os séculos, nos conduzindo e protegendo contra todas as resistências, obstáculos, motivações erradas dos homens, competições, desejos egoístas, e sempre trazendo Seu povo de volta ao caminho da Sua palavra e da Sua presença.

Um dos principais conceitos no mundo dos negócios é o da confiança na palavra. Em vários países já existe o "cadastro dos bons pagadores". Eles têm créditos pré-aprovados sempre. Os juros que eles pagam estão abaixo dos demais. Enfim, a negociação leva em conta o caráter do cliente. Essa lei foi aprovada no Brasil e logo estará sendo aplicada.

Cada vez mais, nosso mundo percebe que as pessoas se diferenciam pelo valor que suas palavras possuem. Nesse caso, o valor de medirem e honrarem suas palavras! Essa é a Lei da Confiança e da Visão!

Veja as características listadas como imprescindíveis para que a sua empresa ou organização gere confiança. Vieram de fontes desconhecidas, mas merecem ser citadas:

As nove lições das empresas de confiança

1. Liderança forte.
2. Metas ambiciosas.
3. Confiança nos pontos fortes.
4. Inovação contínua.

5. Empregados qualificados e motivados.
6. Foco.
7. Vantagens competitivas – algo a mais para oferecer.
8. Proximidade com os membros.
9. Orientação.

Quero incluir também a "percepção do cliente que está do outro lado do relacionamento". Aos nossos olhos, nosso trabalho sempre está perfeito, ou pelo menos, é o "melhor". Mas é assim que nossos correlacionados (clientes) nos veem? Qual a sua percepção sobre o nosso trabalho? Como estamos sendo vistos?

Mesmo que você não seja um empresário, a lista abaixo lhe dará uma nova percepção sobre você mesmo e isso o ajudará a refletir sobre suas relações pessoais no trabalho independente da sua área de atuação.

Os oito fatores que influenciam a reputação das organizações

1. Percepção do cliente.
2. Visão e liderança.
3. Ambiente de trabalho.
4. Desempenho e resultado financeiro.
5. Apelo emocional.
6. Envolvimento social.
7. Inovação.
8. Autenticidade (o maior patrimônio).

QUINTO MANDAMENTO

"No reino dos homens, as palavras traduzem realidades e desejos; no reino de Deus, as palavras geram realidades e desejos."

É A LEI DA CRIAÇÃO

Estamos acostumados a usar as palavras para representarmos desejos e realidades. A palavra é o principal instrumento da comunicação, por meio do qual construímos relacionamentos.

Quando uma criança começa a falar, ela aprende a expressar seus desejos e suas necessidades. Posteriormente, aprende a expressar suas emoções e nomear pessoas, como papai, mamãe, vovó, vovô e assim por diante. Ela treina sua mente para ordenar seus lábios e suas cordas vocais a traduzirem sua realidade mental em palavras e expressões.

Toda palavra, toda linguagem é a tradução de uma realidade ou imagem mental. Antes de pronunciar qualquer palavra, o quadro mental já está formado, e será exteriorizado pelo idioma por meio das palavras. Se pudéssemos ler a mente, com suas ideias e seus quadros, dispensaríamos a palavra. Mas, como não temos essa habilidade neste mundo, pelo menos até Jesus voltar e implantar seu Reino eterno, temos de usar a palavra como nosso agente de comunicação.

Mas imagine uma dimensão onde a comunicação poderia se dar pelo simples olhar. Para que serviria a palavra, uma vez que todos os desejos seriam conhecidos pelo simples olhar? Essa é a dimensão da Divindade. Deus não precisa da palavra para se comunicar, nem com a Trindade, nem com a Criação. Ele o faz pelo poder do Seu pensamento.

Para que, então, Ele usa Sua palavra? Antes de respondermos a essa pergunta precisamos nos lembrar de que a Palavra de Deus se tornou a segunda Pessoa da Trindade – o Filho. Por que o Pai tomou essa decisão? Porque Ele colocou o Seu Filho na posição de ser o Agente responsável pela criação. Para a divindade, a palavra não é apenas um agente de comunicação, mas vai bem além: *ela é agente de criação!*

> Colossenses 1:15-17 – O qual é imagem do Deus invisível, o primogênito de toda a criação; Porque nele foram criadas todas as coisas que há nos céus e na terra, visíveis e invisíveis, sejam tronos, sejam dominações, sejam principados, sejam potestades. Tudo foi criado por ele e para ele. E ele é antes de todas as coisas, e todas as coisas subsistem por ele.

Esse texto nos diz que Jesus, o Filho de Deus, também chamado de "Verbo", foi o agente criador de tudo – Nele foram criadas todas as coisas, nos céus e na terra.

A imagem a que o texto se refere é a de um útero, ou um laboratório, onde tudo se formou. Em outras palavras, todas as vezes que o Pai fala ou proclama Sua palavra, Jesus Cristo, Seu Filho, é colocado em ação. Agora, lembre-se de que, antes de falar, todos nós, inclusive nosso Pai Eterno, já temos um quadro mental definido ou uma realidade virtual dentro de nós. Portanto, quando Ele se comunica e Se expressa, Seu Filho, como agente criador, torna aquela imagem realidade.

> 1 João 1:1-3 - No princípio era o Verbo, e o Verbo estava com Deus, e o Verbo era Deus. Ele estava no princípio com Deus. Todas as coisas foram feitas por ele, e sem ele nada do que foi feito se fez.

No Evangelho de João, vemos Jesus como o Verbo ou a Palavra em ação. Jesus tinha essa missão, de ser a palavra criadora e sustentadora de todo o Universo. Talvez por isso, em Apocalipse, o próprio evangelista João, muito mais velho, já no final de sua vida, ainda apresenta Jesus Cristo como o Rei dos Reis, o Senhor dos Senhores, aquele que sustenta todas as coisas pela palavra do Seu poder.

É inacreditável como Jesus imprimiu na mente dos seus discípulos e apóstolos esse conceito de que Ele foi o agente, ou o "útero", como disse antes, da criação de todo o Universo. E quando digo "todo", quero dizer "tudo" – do microcosmo, do menor organismo, da menor partícula até as maiores galáxias e sistemas macrocósmicos que ainda nem conhecemos claramente. Também, criador e Senhor de todas as formas e espécies – seres vivos, biologicamente falando, e seres espirituais, anjos e demônios.

O que aprendemos com isso? Que a palavra, para o nosso Deus, é mais do que apenas comunicação – ela é Criação! Por isso, ensinamos às pessoas que as *palavras têm poder*!

Voltando à física quântica, os últimos experimentos têm nos levado a crer que a "realidade" da vida não está em um mundo de coisas que existem e existirão, independentes do observador. Pelo contrário, a realidade material e externa deve ser uma expressão da imagem interna daquele observador.

Toda a realidade material que parece tão real é apenas uma ilusão. É, sim, um quadro virtual projetado em nosso cérebro. A começar pelas cores, elas só possuem aquela coloração para nós, seres humanos. Elas são reflexos dos comprimentos de ondas alcançados pelos olhos e projetados no cérebro, que, a partir deles, forma imagens. Essas imagens são pertinentes apenas à raça humana ou a outras espécies cujos olhos captam os mesmos comprimentos de ondas.

A propósito, é por isso que na ausência de luz você não enxerga nada, embora tenha os mesmos olhos, e os mesmos objetos ali estejam. Para quem se interessar mais sobre esses fenômenos, recomendo que leia o meu livro que está no "forno", *A física quântica e Deus, e seus efeitos na fé e na espiritualidade*.

Portanto, a própria ciência tem nos ensinado a respeitar a "realidade interior", que se forma por meio de imagens e se expressa pelas palavras. Suas palavras contribuem para "criar" o universo e definir sua realidade. Tome muito cuidado com elas, pois poderão ser portadoras de energia positiva e construtiva, ou energia negativa e destrutiva.

Uma das experiências que mostro no livro acima citado é a chamada "fotografia da água". Em seu livro *As mensagens da água*, da Editora Isis, Masaro Emoto, fotógrafo profissional e presidente da Sociedade Internacional da Água, mostra fotos de cristais de água após duas horas em um freezer e aumentados de 200 a 500 vezes por um microscópio. O resultado é inacreditável. Emoto fotografou a água sob todas as condições possíveis, e teve a iniciativa de colocar títulos como rótulos nos frascos com porções idênticas de água. Nos frascos que traziam títulos como "Você me enche o saco" ou "Eu te mato", comparados com os frascos de títulos "Obrigado", "Amor" ou "Consideração", parece absurdo, mas as imagens das fotos carregaram a energia das palavras.

As figuras formadas pelos cristais nos primeiros títulos eram de formas horríveis e desencontradas, enquanto as outras, dos demais títulos, eram belas, harmônicas e proporcionais. O mesmo também ocorre na comparação das fotografias, como uma de título "demônio" com a fotografia de título "anjo"; na primeira, até se enxerga um deles. Na foto de título "anjo", percebe-se uma harmonia, como se fossem pequenas flores. É algo inacreditável.

Emoto ainda escreve em seu livro que as palavras harmônicas e saudáveis transmitem sentimentos de amor e paz, e as palavras agressivas, sujas, transmitem sentimentos de dor ou maldição. A energia das palavras foi transferida para os cristais. Ou seja, nossas palavras contribuem para formar o universo – o que não é novidade para nós –, mas o que não sabíamos era que esse princípio seria comprovado cientificamente.

Em um texto que recebi, diz-se que, em certa ocasião, Albert Einstein intervém numa conversa:

> Duas crianças estavam patinando num lago congelado da Alemanha. Era uma tarde nublada e fria, e as crianças brincavam despreocupadas.
>
> De repente, o gelo se quebrou e uma delas caiu, ficando presa na fenda que se formou.
>
> A outra, vendo seu amiguinho preso e se congelando, tirou um dos patins e começou a golpear o gelo com todas as suas forças, conseguindo por fim quebrá-lo e libertar o amigo.
>
> Quando os bombeiros chegaram e viram o que havia acontecido, perguntaram ao menino:

– Como você conseguiu fazer isso? É impossível que tenha conseguido quebrar o gelo, sendo tão pequeno e com mãos tão frágeis!

Nesse instante, o gênio Albert Einstein, que passava pelo local, comentou:

– Eu sei como ele conseguiu.

Todos perguntaram:

– Pode nos dizer como?

– É simples – respondeu Einstein –, não havia ninguém ao seu redor para lhe dizer que não seria capaz.

> Deus nos fez perfeitos e não escolhe os capacitados, mas capacita os escolhidos. Fazer ou não fazer algo só depende de nossa vontade e perseverança. (Albert Einstein)

Conclusão:

Preocupe-se mais com sua consciência do que com sua reputação. Porque sua consciência é o que você é, e sua reputação é o que os outros pensam de você. E o que os outros pensam é problema deles.

SEXTO MANDAMENTO

*"Saber lidar com a rejeição
é mais importante do que
saber lidar com a aceitação."*

É A LEI DA ÁGUIA

A rejeição denuncia nossas limitações e nos faz crescer. O caso mais explícito de rejeição, na Bíblia, é o de Caim. Ele teve sua oferta rejeitada por Deus em detrimento da oferta de seu irmão Abel.

> Gênesis 4:3-8 – E aconteceu ao cabo de dias que Caim trouxe do fruto da terra uma oferta ao Senhor. E Abel também trouxe dos primogênitos das suas ovelhas, e da sua gordura; e atentou o Senhor para Abel e para a sua oferta. Mas para Caim e para a sua oferta não atentou. E irou-se Caim fortemente, e descaiu-lhe o semblante. E o Senhor disse a Caim: Por que te iraste? E por que descaiu o teu semblante? Se bem fizeres, não é certo que serás aceito? E se não fizeres bem, o pecado jaz à porta, e sobre ti será o seu desejo, mas sobre ele deves dominar. E falou Caim com

> o seu irmão Abel; e sucedeu que, estando eles no campo, se levantou Caim contra o seu irmão Abel, e o matou.

Deus aceitou a oferta de Abel e rejeitou a oferta de Caim, e isso o desgostou profundamente. Foi o próprio Deus quem veio conversar com Caim e tentar ajudá-lo, admoestando-o. Mas o Senhor não conseguiu ajudá-lo. Ele planejou o assassinato de seu irmão e o executou.

É inacreditável imaginar que o próprio Senhor não conseguiu ajudá-lo. Isso nos consola em nossas limitações ministeriais. O que derrotou Caim foi a rejeição. Ele nunca tinha provado o gosto de não ser o primeiro. Como ele era o primogênito, tinha primazia em tudo na vida, até que se deparou com a realidade espiritual.

Caim poderia simplesmente ter perguntado ao irmão: “Qual a chave de seu sucesso?”. Poderia ter se proposto a, no próximo ano, tirar a diferença. Mas não; ele não tolerou o sucesso de Abel e o assassinou. Não sabia reagir corretamente à rejeição e sucumbiu diante dela.

A vida é feita de desafios, e, muitas vezes, somos derrotados nesses desafios. Quem ainda não teve uma reprovação em um concurso, em um vestibular, ou nem mesmo recebeu um fora de uma namorada ou um namorado? São momentos da vida pelos quais todos passamos, mas isso não pode nos paralisar, e sim nos fazer mais fortes. A rejeição é uma das facetas da vida, e precisamos aprender que ela não pode nos paralisar, apenas nos aperfeiçoar.

Temos de ter em mente que nem sempre seremos aprovados em tudo. Às vezes, estamos em áreas em que não temos nenhuma habilidade. Provavelmente, a não ser por raras exceções, as pessoas só se sobressaem em áreas em que têm algumas habilidades natas ou em que receberam treinamentos e desenvolvimentos específicos. Tente descobrir sua força e a aperfeiçoe, sobressaia-se nessa área.

> Um professor deu à sua classe de alunos de 4 anos um sorvete para cada um. Quem não o comesse, mas aguardasse o professor voltar, ganharia dois. Quinze minutos depois, um terço o comeu rapidamente, um terço lentamente e um terço aguardou o professor. Catorze anos depois, fizeram uma pesquisa sobre a vida de cada um deles.
> Resultado: Aquele um terço que teve a disciplina de esperar, se tornou líder bem-sucedido. Os demais eram "gente normal".

Em seu livro *O livro de ouro da liderança*, páginas 101 e 102, John C. Maxwell traz um enfoque sobre os dons e talentos de cada pessoa. Com o subtítulo "Não mande patos para uma escola de águias", Maxwell cita o livro de Charles Swindoll, *Crescendo nas estações da vida*, que diz:

> Passei por um momento de descoberta não faz muito tempo, quando li alguma coisa escrita pelo orador e consultor Jim Rohn. O artigo foi muito esclarecedor em relação a

essa questão. O autor me deu permissão para reproduzir parte do texto:

"A primeira regra da administração é esta: não mande seus patos para uma escola de águias. Quer saber o motivo? Porque não vai dar certo".

Pessoas competentes são descobertas, e não transformadas. Elas podem tomar a iniciativa de mudar, mas você não conseguirá mudá-las. Se você deseja se cercar de gente competente, é preciso descobrir primeiro. Se quer pessoas motivadas, precisa encontrá-las, e não motivá-las.

Não faz muito tempo, li em uma revista em Nova York um anúncio de página inteira de uma rede de hotéis. Na primeira linha da chamada estava escrito: "Não ensinamos nossos funcionários a serem simpáticos". Aquilo chamou a minha atenção. A segunda linha dizia: "Contratamos gente simpática". Pensei: "Que sacada inteligente!"

A motivação é um ministério. Por que algumas pessoas estão sempre motivadas e outras não? Por que um vendedor detecta seu primeiro cliente em potencial às 7 da manhã enquanto os outros só começam a vender a partir das 11? Qual a razão de um começar às 7 e outro às 11? Não sei. Chamemos isso "os mistérios da mente".

Ministro palestras para mil pessoas ao mesmo tempo. Uma sai dali e diz: "Vou mudar minha vida". A outra sai bocejando e dizendo: "Já ouvi toda essa bobagem antes". Por que isso acontece?

O homem próspero diz a mil pessoas: "Li esse livro, e isso me conduziu pela estrada da prosperidade". Adivinhe quantas pessoas entre aquelas mil sairão e comprarão o livro? A resposta: poucas. Isso não é incrível? Por que razão nem todos compram o livro? Mistérios da mente.

A uma pessoa é preciso dizer: "Pegue mais leve. Você não pode trabalhar tantas horas por dia assim, fazer tantas coisas e assim por diante. Um dia, pode ter um ataque do coração e morrer". E à outra devemos dizer: "Quando é que você vai levantar e sair desse sofá?". Qual é a diferença entre as duas? Por que nem todos se esforçam para alcançar a prosperidade e a felicidade?

Credite isso aos mistérios da mente, e não perca seu tempo tentando transformar patos em águias. Contrate pessoas que já possuam a motivação e o impulso para se tornarem águias. Depois, permita que elas batam asas e voem.

Certa vez, os animais decidiram fazer alguma coisa significativa para resolver os problemas do novo mundo. Assim, organizaram uma escola. Eles adotaram um currículo de atividades que incluía corrida, escalada, natação e voo. Para tornar a administração mais fácil, todos os animais deveriam assistir a todas as aulas.

O pato era excelente na natação. Na verdade, era melhor do que o próprio instrutor! No entanto, ele só tirou notas boas em natação. Na corrida, foi muito mal. Considerando sua lentidão na corrida, teve de parar com a natação para treinar e ficar mais veloz. Por causa disso, sua pata achatada

> ficou em mau estado, e ele ficou apenas na média nas aulas de natação. Como a média era a mínima aceitável, ninguém se preocupou com aquilo, a não ser o pato.
> O coelho começou como o primeiro aluno da classe de corrida, mas teve uma contração muscular na perna porque tinha de fazer um esforço muito grande para passar na prova de natação.
> Já o esquilo era ótimo em escaladas, mas encontrava sempre muita dificuldade nas aulas de voo, pois o professor exigia que ele começasse do chão, em vez de partir do alto da árvore. Por causa do esforço excessivo, ele tinha cãibras o tempo todo, e não conseguiu passar da média "C" em escalada e de um "0" em corrida.
> A águia era uma aluna problemática, e foi duramente disciplinada por não se conformar com os métodos. Nas aulas de escalada, chegava ao alto antes de todos, mas insistia em fazê-la à sua maneira!

Portanto, se você tem sido rejeitado em algo, pense que pode não ser aquela a área de sua força e de sua habilidade natural. Pode ser que você consiga se superar, e pode ser que não. Talvez você seja como a águia da estória anterior, só saiba mesmo voar e, ainda assim, do seu jeito. Fique feliz por isso e cumpra sua missão na vida!

> A prosperidade é ótima mestra, mas a adversidade é ainda melhor. (William Hazlitt)

Como vimos, um líder é, antes de tudo, alguém apaixonado por sua missão. É comprometido a dar o máximo de si e até mesmo se superar.

Às vezes é um líder entre as águias; outras vezes, é apenas um líder entre os patos. Águias não podem tentar liderar patos e muito menos patos podem liderar águias.

A AGENDA DO LÍDER

Para o líder alcançar seu potencial máximo, um dos grandes desafios é a sua própria agenda. Seguem agora algumas dicas para ajudar você com sua agenda:

Em liderança, as prioridades devem ser uma questão de princípio, não de preferência:

1. Os líderes colocam as coisas mais importantes em primeiro lugar.
2. Os líderes enxergam todas as coisas, mas se concentram nas coisas importantes.
3. Os líderes investem seu tempo naquilo que traz o maior retorno.
4. Os líderes colocam as pessoas onde todos saem ganhando.

Você tem usado critérios úteis para determinar o que é mais importante em sua organização? Você prioriza a forma como trabalha, gasta seu dinheiro e investe seu tempo com as pessoas? Se você não está sendo tão eficaz ou tão eficiente quanto gostaria, pode ser o momento de uma reavaliação.

Organize sua agenda. Se na verdade você não está executando múltiplas tarefas, mas dizendo sim a demasiadas tarefas e gostaria de ter um tempo livre, tente alguma das seguintes sugestões:

1. Crie uma lista de coisas a fazer organizada por prioridades. Liste primeiro a coisa mais importante a ser feita. Certifique-se de listar todas as tarefas que tem de realizar. Quebre tarefas maiores em ações menores e mais manejáveis.
2. Tente permanecer em uma tarefa até completar um projeto prioritário, antes de mudar para outra. Certifique-se de transpor para a lista de coisas a fazer do dia seguinte quaisquer itens que não tenham sido completados naquele dia.
3. Delegue qualquer tarefa não essencial que outras pessoas possam realizar tão bem ou até melhor do que você. Empregue seu tempo e energia em coisas que apenas você pode fazer (ou que pode fazer melhor do que os outros).
4. Aprenda a dizer "Não, obrigado"; ou, pelo menos, "Volto a procurá-lo com uma resposta", de maneira a ganhar tempo para avaliar se uma nova demanda de

seu tempo é uma prioridade que valha a pena ou apenas uma nova fonte de estresse.

5. Conheça suas limitações – o quanto você consegue se equilibrar confortavelmente antes de se sentir oprimido e sem tempo. Se você acha que tem coisas demais para fazer, provavelmente você está certo.
6. Entre em contato com o sentimento de calma que você experimenta quando está concentrado, em vez de ser puxado em várias direções. Sinta-se confortável nesse estado de tranquilidade, uma vez que você já não precisa da carga de adrenalina de um estilo de trabalho hiperativo e frenético ou de atividades de lazer às quais você se acostumou.
7. Você deve ser capaz de analisar cada hora, dia ou semana e apontar o que realizou, de fato, durante esse período. Se não conseguir, provavelmente você está nadando no seco e/ou tentando fazer muita coisa de uma só vez. Volte ao número 1 desta lista e aplique a técnica da lista de "coisas a fazer" (de hora em hora) para não perder de vista as suas prioridades, até que tenha um maior controle de seu tempo.

OS DEGRAUS DA LIDERANÇA

Embora águias não se tornem patos e nem patos se tornem águias, a liderança possui degraus e níveis. Em seu livro

21 minutos de poder na vida de um líder, página 131, John C. Maxwell mostra-nos cinco degraus de liderança com base no reconhecimento e na percepção dos seus liderados.

Evoluindo do nível mais simples para o nível mais forte, vamos estabelecê-los a seguir:

1. Posição

Direitos: As pessoas o seguem porque têm de fazê-lo.

Neste nível, sua influência não se estenderá além das fronteiras definidas pela descrição de seu cargo. Quanto mais você permanecer neste nível, maior será o *turnover* (giro de pessoal) de sua organização e mais baixo será o moral.

2. Permissão

Relacionamentos: As pessoas o seguem porque querem fazê-lo.

As pessoas começam a segui-lo além da autoridade definida por seu cargo. É neste nível que o trabalho começa a ficar gostoso. Contudo, permanecer por muito tempo neste nível sem elevar os índices de produtividade faz com que pessoas altamente motivadas fiquem inquietas.

3. Produção

Resultados: As pessoas o seguem por causa daquilo que você fez pela organização (grupo, igreja ou empresa).

É neste nível que a maioria das pessoas adquire percepção de sucesso. Elas gostam de você e do que você está fazendo. Devido ao embalo (*momentum*), os problemas são facilmente resolvidos com uma pequena quantidade de esforço.

4. *Desenvolvimento de pessoas*

Reprodução: As pessoas o seguem por causa daquilo que você fez por elas.

É aqui que acontece o crescimento a longo prazo. O compromisso de desenvolver líderes assegura o crescimento constante dos indivíduos e da organização. Faça de tudo para permanecer neste nível.

5. *Respeitabilidade*

Respeito: As pessoas o seguem por causa daquilo que você é e do que representa.

Somente líderes que têm passado vários anos desenvolvendo outros líderes e promovendo o crescimento de suas organizações atingem este nível.

Também recebi de um amigo uma matéria extremamente rica, embora o autor seja desconhecido, que são doze conselhos para alteração de rota. Nessa matéria, o autor indica a direção a ser tomada se você for recomeçar seu ministério:

DOZE COISAS QUE EU FARIA DIFERENTE SE FOSSE RECOMEÇAR MEU MINISTÉRIO

1. Gostaria de ter confrontado menos (líderes e os que estavam comigo). Nove entre dez vezes eram desnecessárias. O segredo de Abraão não era sua riqueza, mas sua sabedoria, sua habilidade e como ele ficava longe de problemas. Não construa uma montanha com bolinhas de gude. A Bíblia diz que você não ensina nem corrige uma autoridade que esteja acima de você.
2. Gostaria de ter identificado o tema, o foco, a força do meu ministério mais cedo. Quando você e sua equipe se cansam do que você está falando, é aí que eles estão começando a entender. Oral Roberts diz que a coisa mais errada que um homem pode fazer na vida é trazer uma palavra nova a cada domingo.
3. Gostaria de ter encontrado solucionadores que me ajudassem a resolver problemas, para que eu ficasse livre para pregar o evangelho. O segundo homem mais rico dos Estados Unidos leva dois anos para encontrar a pessoa certa para o lugar certo na sua empresa.
4. Gostaria de ter fotografado todas as minhas reuniões e seminários de que participei. Não espere eventos grandes, fotografe todos.
5. Buscaria ajuda para meu casamento. Algum preço precisa ser pago; não existe nenhum ministério que

possa substituir um casamento. Eu buscaria ajuda, aconselhamento.

6. Quando existir uma crise financeira, pare tudo, verifique, pois com certeza haverá um "Jonas" no meio. (Jonas 1:1-15.)
7. Cuidaria mais da saúde; se você sabe que há algo errado, faça alguma coisa.
8. Eu acharia um grupo de conselheiros para me ajudar. Você precisa de olhos novos. Estabeleça sete pessoas e não tome nenhuma decisão sem falar com elas. Os grandes homens do mundo sempre têm conselheiros à sua volta.
9. Gostaria de ter confrontado a deslealdade mais honestamente. A diferença estava em agir rapidamente à deslealdade. Deus não perdoou Corá, Ananias e Safira. A misericórdia pode ser mortal às pessoas erradas. Você não perdoa pessoas erradas, que vão influenciar outros contra si mesmo. Nunca vi uma pessoa desleal que mudasse. Se Deus não as mudou, você não vai conseguir.
10. Gostaria de ter escrito uma página por dia dos meus pensamentos e descobrimentos. Tenha sempre um gravador perto de você. Sua mente não é confiável.
11. Gostaria de ter celebrado os dízimos e ofertas do povo de Deus. O futuro do seu povo está na semente. As ofertas são para celebrar e semear o seu futuro.
12. Você não pode estar acima do seu treinamento; eu não iria a uma igreja onde não se fala de dinheiro.

APRENDA A DIZER NÃO

Saber dizer "não" também pode ajudar você. Aprenda agora o "não" saudável:

1. "Não, obrigado."
2. "Sinto muito, mas tenho prazo e não posso fazer nada até finalizar o projeto no qual estou trabalhando."
3. "Estou supercomprometido no momento, portanto, relutantemente, tenho de dizer não."
4. "Fico lisonjeado que tenha me convidado, mas, com pesar, tenho de dizer 'não, obrigado'."
5. "Infelizmente, já tenho um compromisso agendado para essa data."
6. "Obrigado pelo convite, mas não estou disponível no momento."
7. "Não estou disponível no momento, você poderia voltar a me contatar em ____________________ (preencha com a data)?"
8. "Não posso aceitar, mas gostaria que eu sugerisse outra pessoa para você contatar?"
9. "Sinto muito, mas, por favor, compreenda que tenho de ser firme quanto a isso: 'não significa não'."
10. "Não, obrigado. Minha família me pediu para passar mais tempo com eles."
11. "Acabo de aceitar outro compromisso que não me permitirá dedicar o tempo necessário ao seu projeto."

12. "Tenho você e sua associação (organização, companhia etc.) em muito alta conta, mas não estou em condições de aceitar sua generosa oferta."
13. "Sinto muito, estou saindo em viagem, estou tentando finalizar todos os meus projetos atuais e não posso iniciar outra coisa até a minha volta."
14. "Acho que não, mas poderia voltar a procurá-lo em poucas semanas, se você me der tempo para decidir."
15. "De fato, gostaria de dizer sim, mas simplesmente tenho de dizer não. Por favor, tente compreender."

SÉTIMO MANDAMENTO

"Tudo o que você necessita já existe e está a serviço de alguém. Seja competente descobrindo como conquistar."

É A LEI DA TRANSFERÊNCIA

O universo já possui tudo o que podemos necessitar. Deus, na Sua providência, trouxe ao homem toda a plenitude para a vida humana, quer seja financeira, relacionamentos, saúde, paz emocional, promoções profissionais etc.

Quando você nasceu, seu Pai providenciou tudo o que você necessitaria para a sua vida inteira. Portanto, ter certeza disso é o primeiro passo para você se apossar de suas promessas.

Uma das maneiras que o Senhor nosso Deus usa para nos abençoar é por meio da "Lei da Transferência". Por um só movimento Ele cumpre dois propósitos: abençoar sua vida e transferir o que está nas mãos de alguém que está sendo julgado.

Salmos 101:8 – Pela manhã destruirei todos os ímpios da terra, para desarraigar da cidade do Senhor todos os que praticam a iniquidade.

Esse texto nos diz que todas as manhãs há um movimento de Deus para "limpar" a cidade. Isso nos mostra que há, de alguma maneira, um trabalho para retirar o ímpio de sua posição.

A impiedade tem um preço alto. A promessa da palavra é que os "mansos herdarão a terra" (Salmos 37:11). Os mansos e os justos têm uma posse natural por representação da posição de Deus, inclusive financeira. Mas não se iluda: os ímpios rapidamente perderão suas posições. Deus retira as fortunas das mãos dos ímpios e as coloca nas mãos dos justos.

Poucos líderes alcançam o sucesso, a não ser que muitos trabalhem para isso.

APLICAÇÃO PRÁTICA

Quem apoia você? Com quais tipos de apoiadores você trabalha? Consulte a lista apresentada abaixo:

- Guardiões do tempo: pessoas que me ajudam a poupar tempo.
- Complementadores de dons: pessoas que fazem aquilo que não sei fazer.

- Integrantes de equipe: gente que agrega valor a mim e à minha equipe.
- Cabeças criativas: pessoas que resolvem problemas e me oferecem alternativas.
- Fechadores de portas: pessoas que, com excelência, concluem as tarefas inacabadas.
- Desenvolvedores de gente: pessoas que desenvolvem e fazem aflorar outros líderes e colaboradores.
- Líderes servidores: gente que lidera de acordo com a melhor atitude.
- Ampliadores de mente: pessoas que expandem meu raciocínio e meu espírito.
- Formadores de redes relacionais: pessoas com grande capacidade de atrair outras que agregam valor à minha vida.
- Mentores espirituais: gente que incentiva minha caminhada de fé.
- Amigos incondicionais: pessoas que conhecem minhas fraquezas e, ainda assim, me amam sem reservas.

Pense em quais categorias se encaixam as pessoas que compõem sua equipe. Há outras categorias não relacionadas que você valorize? Se há, quais são? Você pode identificar alguma categoria dessa lista na qual ninguém pudesse ser citado? Como fazer para encontrar pessoas capazes de preencher essa lacuna?

Um supervisor da BR disse que tinha duas supervisoras: uma muito difícil de ser tratada, mas excelente no trabalho, e outra razoável no trabalho, porém tratável. Ele tinha que optar por uma delas, e chamou a difícil, dando um prazo para que ela mudasse seu gênio. Finalmente a despediu, e o resultado foi que a equipe cresceu.

Circula na internet um e-mail em que Bill Gates, em uma palestra numa escola dos Estados Unidos, destaca pontos extremamente sábios e honestos. São os "Conselhos de Bill Gates". Veja o texto:

CONSELHOS DE BILL GATES SOBRE EDUCAÇÃO

Ele fala que a "política educacional de vida fácil para as crianças" tem criado uma geração sem conceito da realidade, e que essa política tem levado as pessoas a falharem na vida posterior à escola.

Muito conciso, todos esperavam que ele fosse fazer um discurso de uma hora ou mais, porém ele falou por menos de 5 minutos, foi aplaudido por mais de 10 minutos sem parar, agradeceu e foi embora em seu helicóptero a jato.

Regra 1 – A vida não é fácil; acostume-se com isso.

Regra 2 – O mundo não está preocupado com a sua autoestima. O mundo espera que você faça alguma coisa útil por ele *antes* de sentir-se bem com você mesmo.

Regra 3 – Você não ganhará R$ 20.000 por mês assim que sair da escola. Você não será vice-presidente de uma empresa com carro e telefone à disposição, antes que tenha conseguido comprar seu próprio carro e seu telefone.

Regra 4 – Se você acha seu professor rude, espere até ter um chefe. Ele não terá pena de você.

Regra 5 – Vender jornal velho ou trabalhar durante as férias não está abaixo de sua posição social. Seus avós têm uma palavra diferente para isso: eles chamam de oportunidade.

Regra 6 – Se você fracassar, não é culpa de seus pais. Então não lamente seus erros; aprenda com eles.

Regra 7 – Antes de você nascer, seus pais não eram tão críticos como agora. Eles só ficaram assim por pagar as suas contas, suas roupas e ouvir você dizer que eles são "ridículos". Então, antes de salvar o planeta para a próxima geração querendo consertar os erros da geração dos seus pais, tente limpar seu próprio quarto.

Regra 8 – Sua escola pode ter eliminado a distinção entre vencedores e perdedores, mas a vida não é assim. Em algumas escolas você não repete mais de ano e tem quantas chances precisar até acertar. Isso não se parece com absolutamente *nada* na vida real. Se pisar na bola, está despedido, *rua*! Faça certo da primeira vez.

Regra 9 – A vida não é dividida em semestres. Você não terá sempre os verões livres, e é pouco provável que outros empregados o ajudem a cumprir suas tarefas no fim de cada período.

Regra 10 – Televisão *não* é vida real. Na vida real, as pessoas têm que deixar o barzinho ou a boate e ir trabalhar.

Regra 11 – Seja legal com os cê-dê-efes (aqueles estudantes que os demais julgam que são uns babacas). Existe uma grande probabilidade de você vir a trabalhar para um deles.

OITAVO MANDAMENTO

"Guarde seus relacionamentos;
eles são as suas vias
de transferência."

É A LEI DOS NOVOS ACESSOS

Tudo o que você precisa, no nível da sabedoria, conhecimento, habilidades, recursos e outros, virá por meio de relacionamentos.

Relacionamento é a chave para você adquirir todas essas grandezas e outras coisas mais. Conforme expliquei no capítulo anterior, a Lei da Transferência, Deus irá apenas transferir para você algo que já existe. Dificilmente Ele irá criar algo inédito para colocar sob sua responsabilidade. O método natural do Senhor é que haja uma transferência para suas mãos. É por isso, inclusive, que vamos à escola, somos alfabetizados, cursamos a universidade e aprendemos em outros cursos de aperfeiçoamento. O que estamos fazendo é apenas assimilando o que já existe disponível no nível do conhecimento, sabedoria e habilidades.

Lembre-se de que, para adquirir novos acessos ao conhecimento disponível, você precisa pagar o preço para receber aquilo que já existe e está em algum lugar. Hoje é impossível retermos todo o conhecimento disponível. Sabemos que em dois minutos de transmissão em fibra ótica pode-se reunir todo o conhecimento acumulado até o século XIX. A vastidão do conhecimento que foi aberto, disponibilizado e compartilhado no século XX, é inimaginável. Portanto, para nós, o computador é uma grande bênção porque nos auxilia no acesso a conhecimentos disponíveis.

Acredito ser dispensável enfatizar a importância dos cursos de formação para a aquisição de novos conhecimentos. Quem não tem habilidade, capacidade e disciplina para receber e reter o conhecimento disponibilizado hoje provavelmente ficará destinado a um trabalho manual, saindo da possibilidade da "competição por inteligência". Embora todos os trabalhos sejam dignos quando feitos com honestidade e justiça, aqueles que trabalham manualmente pagam um preço maior do que aqueles que têm o privilégio de trabalhar com a inteligência.

O que eu quero afirmar com este Mandamento é que relacionamento é a porta que abre ou fecha para você o acesso a todas as grandezas da vida.

Acredito pessoalmente que o relacionamento se torna, de maneira pragmática, o "favor de Deus" e o "favor dos homens" em nossa vida. É por meio do relacionamento que você consegue ou não seu emprego, que você fica sabendo das grandes oportunidades de negócios, que você forma sua rede de relações com que irá construir e administrar seu patrimônio, trocar produtos, negócios, e partilhar valores e princípios da sua vida.

Em meu novo livro *Por que sofremos? O que fazer quando o justo padece e o ímpio prospera,* falo sobre a "Chave do relacionamento", e quero aqui fazer uma citação de parte do texto:

> Deuteronômio 33:24 – E de Aser disse: Bendito seja Aser com seus filhos; agrade a seus irmãos, e banhe em azeite o seu pé.
>
> Aser era o líder de uma das 12 tribos de Israel, e a unção deste homem foi diferente dos demais. Geralmente, a unção desce da cabeça para os pés (Salmos 133), mas com Aser foi diferente. A palavra diz que seus pés foram banhados com azeite, com a unção.
>
> No Novo Testamento, pés falam de "evangelização"; no Velho Testamento, pés falam de "posse". Aser recebeu a unção para tomar posse da terra, possuir as coisas que Deus havia determinado a ele e sua tribo.
>
> O verso também diz: "Agrade aos seus irmãos". Isso significa que o dominar, o tomar posse, é pela mansidão, pela sabedoria, pelos relacionamentos. Deus nos unge para agradar às pessoas, para sermos imprescindíveis em suas vidas, para que precisem de nós.

No mundo espiritual existe a dimensão divina e a dimensão humana. Toda bênção nasce na dimensão divina e passa para a dimensão humana. Não existe a possibilidade de Deus nos abençoar e as pessoas nos desprezar, porque a bênção de Deus faz com que tenhamos paz com as pessoas, que elas se agradem de nós, que nos reconheçam e valorizem. Isso é ser colocado como "cabeça", e não como "cauda"; essa é a unção para a conquista de corações; conquista de amizade, de confiança, de sociedade, de relacionamentos.

Aser recebeu uma unção para agradar a seus irmãos e conquistar. Mas é um agradar se ceder posições fundamentais, sem negociar princípios e valores.

A nossa maior dificuldade são os relacionamentos. Todas as dores e perdas que sofremos passam por conflitos de relacionamentos – em casa, no trabalho, com o chefe, com o líder – sempre teve alguém envolvido.

Lembre-se: tudo que você precisa e procura já existe e está na posse de alguém. Deus lhe dará graça aos olhos daquelas pessoas e elas irão transferir aquilo que você está buscando para as suas mãos. Você irá conquistar o coração dessas pessoas pelo relacionamento.

DE OLHO NA CONCORRÊNCIA

Geralmente, as pessoas rompem com parcerias que muito podem acrescentar à sua vida ou empresa, ou até ficam o mais afastado possível de seus concorrentes. Você sabia que pode aprender muito com eles? Você não vai querer passar a vida inteira se comparando aos outros – isso não é nada saudável –, mas também não deseja desperdiçar seu tempo fazendo algo que outras pessoas fazem muito melhor.

O ex-diretor executivo da General Electric, Jack Welch, afirma: "Se você não tem uma vantagem sobre a concorrência, não entre na competição".

Para ter uma ideia mais precisa a respeito de sua posição em relação à concorrência, pergunte-se:

- Alguém mais faz o que eu faço?
- Essas pessoas estão se saindo bem?
- Elas estão se saindo melhor do que eu?
- Posso ser melhor do que elas nessa atividade?
- Se eu conseguir melhorar, qual será o resultado?
- Se eu não conseguir melhorar, qual será o resultado?

A resposta à última pergunta é: "Você perde". Quer saber o motivo? Porque sua concorrência está trabalhando na área em que ela é mais forte, e você não.

Portanto, a Lei dos Novos Acessos opera pelos relacionamentos. Se você queimar as pontes de relacionamentos, você simplesmente estará destruindo grandes possibilidades para o seu futuro. É por isso que eu acho tão importante a ênfase que Jesus deu ao apóstolo João, em Apocalipse, mostrando-se como o Primeiro (o que abre) e o Último (o que fecha). Conheço milhares de pessoas que sabem abrir, começar muito bem seus relacionamentos, mas não sabem fechá-los com a mesma elegância. Quase na sua totalidade, suas relações de negócios ou parcerias terminam em conflitos, brigas e ate divórcios.

Acho uma lástima ver pessoas que tinham anos de história em seus relacionamentos de repente queimarem seu futuro, fecharem as portas de tudo quanto poderiam vir a construir juntos, pela simples inabilidade de fechar uma etapa financeira ou comercial. Pague um alto preço para você fechar bem suas relações. A meu ver, é mais importante fechar do que abrir. Não adianta abrir novos relacionamentos se os que você deixou fechar foram pontes que ficaram destruídas. As pessoas que se separam ou que rompem seus relacionamentos falarão umas das outras, semearão discórdias, desconfianças e conflitos. Isso, a médio prazo, traz um grande prejuízo à imagem.

É melhor um pequeno prejuízo financeiro, mas um grande depósito de possibilidades futuras, porque uma aparente vantagem financeira pode trazer uma grande perda de credibilidade de imagem e de confiança ao restante de sua relação.

A Lei dos Novos Acessos começa com a confiança. Ninguém se relaciona com pessoas em quem não confia, com pessoas das quais suspeita ou sobre cujo caráter foram semeadas dúvidas. Especialmente em nossa geração, mais do que nunca, segurança, confiança e "indicações" são a base de uma boa negociação e de uma relação duradoura.

Você conhece o ditado que diz "esperteza demais engole seu dono"? Tenho visto isso acontecer centenas de vezes. Por isso, pague um alto preço para construir seus relacionamentos, mantendo essa lei das relações limpas e as pontes claras e acessíveis. As relações serão sempre a via da transferência de sabedoria, conhecimento, habilidade e recursos.

INSPIRAÇÃO

Um dos processos que atuam inconscientemente em nossa vida pelo relacionamento é o chamado "bluetooth" ou, simplesmente, "blutuf" espiritual e "blutuf" magnético. O que significa isso? Significa a Lei da Inspiração. No mundo da fé, quando você encontra alguém que se move num nível de fé que você até então não alcançou, naturalmente, apenas por conhecê-la ou conviver com ela, ou participar da sua ministração, você será "sugado" para um nível de fé maior do que aquele que até então você possuía. É a transferência espiritual da unção.

Por isso, nós incentivamos as pessoas a pagar um preço para participar de eventos, cursos, palestras e ministrações que tenham um alto nível de conhecimento, unção e autoridade, para que haja uma transferência do "manto espiritual".

A fé é simplesmente uma semente que é aspergida das grandes fontes para as fontes menores que estão ali para receber. Por isso, Jesus sempre enfatizou a necessidade de que as pessoas tivessem algum tipo de contato pessoal com Ele para que os milagres acontecessem. Jesus estava explicando o princípio do "despertar da fé". Isso, na verdade, é uma transferência de unção.

Quando você encontra alguém que se move no nível de cura e milagres, naturalmente percebe que é possível essas bênçãos acontecerem também com você e, assim, estará também apto a se mover no mesmo nível. Da mesma forma, pessoas que têm dons de milagres financeiros, da ministração da palavra ou ministração dos dons do Espírito.

Isso não é novidade para quem trabalha com discipulado. Sabemos que Eliseu "serviu" como diácono a Elias para ter autoridade e o direito de receber o seu manto, conforme descrito no livro 1 Reis.

Portanto, cuidado com quem você se relaciona, e mais cuidado ainda com quem você se "desconecta". Hoje vivemos uma época de grande avidez de pessoas por seus "ministérios próprios" com seus próprios "espaços". O grande risco dessa decisão é que as pessoas retiram suas raízes de lugares que as alimentavam, que as inspiravam e que lhes transferiam as suas funções, dons e ministérios.

O que essas pessoas descobrem posteriormente é que elas eram frutíferas e abençoadas porque estavam sendo irrigadas em "canteiros" ou "jardins" muito bem adubados. Uma vez que tiraram suas raízes dessas posições, elas sentem severamente, e muitas se arrependem no futuro dessas decisões. A meu ver, não se quebram fontes espirituais, especialmente com aqueles que geraram paternidade espiritual em nossa vida.

Péricles, filósofo grego (495-429 a.C.), durante um discurso feito em Atenas no funeral de vítimas de guerra, disse:

> Cada homem entre nós poderia, por sua personalidade própria, mostrar-se autossuficiente nas mais variadas formas de atividade, com elegância e nacionalidade, mas abriu mão disso em favor de nosso conjunto.

HONRA

Mike Murdock, em vários de seus livros, principalmente no mais recente, *Sete rituais de honra que garantem o favor de Deus*, trata muito sabiamente sobre o princípio de honrar para receber. Você só recebe aquilo que você honra. Tudo o que você desonra, você despreza, e tudo o que você despreza, você expele da sua vida. Ele nos ensina a honrarmos os que estão sobre nós, os que nos antecederam, os que depositaram em nossa vida, os que foram precursores e abriram os caminhos pagando altos preços. Todos aqueles que, de alguma maneira, investiram em nossa vida merecem honra, merecem lugar de preeminência em nós.

A honra é a conexão espiritual para a transferência. Quando você honra, você tem o direito da herança. Quando Jesus ensina o mandamento para viver bem neste mundo, ele fala sobre a honra. A condição enunciada por Jesus para termos vida longa e próspera neste mundo é a honra. Honrar principalmente nossos pais e progenitores, aqueles que pagam o preço neste mundo ensinando-nos, educando-nos e direcionando-nos em nossa existência.

> Efésios 6:1-3 – Vós, filhos, sede obedientes a vossos pais no Senhor, porque isto é justo. Honra a teu pai e a tua mãe, que é o primeiro mandamento com promessa; para que te vá bem, e vivas muito tempo sobre a terra.

Saber honrar e saber herdar. Quando não existe honra, não existe transferência, não apenas de riquezas materiais, mas também de riquezas espirituais, das quais a unção ministerial é a mais importante.

Respeite, valorize e honre quem investiu em sua vida. Se você, por algum acidente de percurso, não conseguiu fechar bem um relacionamento com alguém que investiu em sua vida e o ajudou, resgate esse capítulo da sua história.

Entenda que você tem uma dívida no mundo espiritual, e não adianta bater contra os aguilhões. É mais inteligente e mais fácil você fazer um parêntese em sua existência, em suas atividades, e ir conversar com aquele líder, pastor, bispo, chefe, ir acertar com ele(a), tornando-o seu amigo ou, porque não, até seu intercessor.

Tudo aquilo que um dia o inspirou ou desafiou teve o poder de criar um campo de fé, de autoridade na sua vida. Entenda esse princípio da honra para a transferência.

RELACIONAMENTO

Outro aspecto que quero comentar é o da inspiração por meio dos relacionamentos. Quando Deus enviou Abraão para pisar na terra da promessa, em Gênesis 12, na verdade Deus queria inspirar Abraão, queria que ele olhasse a terra e, através do olhar, pudesse desejar, ser desafiado a possuir aquela terra.

> Gênesis 12:1-3 – Ora, o Senhor disse a Abraão: Sai-te da tua terra, da tua parentela e da casa de teu pai, para a terra que eu te mostrarei. E far-te-ei uma grande nação, e abençoar-te-ei e engrandecerei o teu nome; e tu serás uma bênção. E abençoarei os que te abençoarem, e amaldiçoarei os que te amaldiçoarem; e em ti serão benditas todas as famílias da terra.

Quando você encontra uma realidade maior ou melhor do que a sua, você viaja no tempo, transpõe-se de um patamar para outro bem rapidamente, economiza etapas, meses, anos de sofrimento e de aprendizagem. Foi por isso que Deus mandou que Abraão andasse na terra. Não era apenas para que ele tivesse maior conhecimento dela, mas para que ele e seus filhos fossem inspirados porque um dia eles a possuiriam, um dia a terra seria deles.

Como é importante você ir a "terras" de inspiração, lugares que vão inspirá-lo. Vá aos congressos, às reuniões, às fontes que Deus está lhe proporcionando. Inspire-se com eles, abra seu espírito para receber daquela fonte e creia que Deus, através daquelas novas realidades, o levará a novos patamares.

A mesma situação aconteceu com a Arca na casa de Obede-Edom – ela inspirou a ele e a sua família.

> 2 Samuel 6:10-12 – E não quis Davi retirar para junto de si a arca do Senhor, à cidade de Davi; mas Davi a fez levar à casa de Obede-Edom, o giteu. E ficou a arca do Senhor em casa de Obede-Edom, o giteu, três meses; e abençoou o Senhor a Obede-Edom, e a toda a sua casa. Então avisaram a Davi, dizendo: Abençoou o Senhor a casa de Obede-Edom, e tudo quanto tem, por causa da arca de Deus; foi pois Davi, e trouxe a arca de Deus para cima, da casa de Obede-Edom à cidade de Davi, com alegria.

A Arca inspirou aquele homem, seus filhos, seus netos. A presença de Deus levou-os a um novo patamar, a uma nova possibilidade. Levou-os a crer em uma nova dimensão espiritual, que suas vidas poderiam trilhar um novo tipo de vida e de existência.

O mesmo fato aconteceu com a viúva e o profeta Elias. Quando ele chegou à casa da viúva e ela lhe preparou um pequeno bolo, ela se inspirou. Elias a convidou a entrar em um projeto de ajudá-lo, de sustentá-lo para uma missão.

> 1 Reis 17:10-15 – Então ele se levantou, e foi a Sarepta; e, chegando à porta da cidade, eis que estava ali uma mulher viúva apanhando lenha; e ele a chamou, e lhe disse: Traze-me, peço-te, num vaso um pouco de água que beba. E, indo ela a trazê-la, ele a chamou e lhe disse: Traze-me agora também um bocado de pão na tua mão. Porém ela disse: Vive o Senhor teu Deus, que nem um bolo tenho, senão somente um punhado de farinha numa panela, e um pouco de azeite numa botija; e vês aqui apanhei dois cavacos, e vou prepará-lo para mim e para o meu filho, para que o comamos, e morramos. E Elias lhe disse: Não temas; vai, faze conforme à tua palavra; porém faze dele primeiro para mim um bolo pequeno, e traze-mo aqui; depois farás para ti e para teu filho. Porque assim diz o Senhor Deus de Israel: A farinha da panela não se acabará, e o azeite da botija não

> faltará até ao dia em que o Senhor dê chuva sobre a terra. E ela foi e fez conforme a palavra de Elias; e assim comeu ela, e ele, e a sua casa muitos dias.

A Bíblia não traz detalhes, mas Flávio Josefo, historiador judeu, em seus comentários sobre as Escrituras Sagradas, diz que esta mulher, a viúva, reconheceu Elias e, citando a tradição judaica, em um diálogo entre eles, a mulher disse: "Meu senhor Elias, eu sei que a palavra de Deus é verdade na tua boca, e tu és a esperança de Israel". Revela que ela conhecia o drama que ele estava vivendo, a perversidade do rei, o pecado da nação, e a esperança era aquele homem que andava com Deus, ou seja, Elias, antes de fazer o milagre, trouxe esperança ao coração dela, conseguiu motivá-la, conseguiu inspirá-la, conseguiu fazê-la crer que poderia surgir uma nova realidade, um novo contexto em que ela seria suprida de forma milagrosa e poderosa.

Portanto, valorize profundamente os relacionamentos e tome cuidado com eles. A confiança, a credibilidade, a segurança são valores que se gasta toda uma vida para construir, mas que podem ser perdidos em um instante, em um episódio apenas.

Recebi o texto a seguir, em que o ex-presidente de uma das maiores empresas do mundo, a Coca-Cola, compartilha um rico pensamento sobre relacionamento:

PALESTRA DE BRIAN DYSON
(ex-presidente da Coca-Cola)

Imagine a vida como um jogo, no qual você faz malabarismo com cinco bolas que são lançadas no ar... Essas bolas são: o trabalho, a família, a saúde, os amigos e o espírito. O trabalho é a única bola de borracha. Se cair, baterá no chão e pulará para cima. Mas as quatro outras são de vidro. Se caírem no chão, quebrarão e ficarão permanentemente danificadas. Entendam isso, e assim conseguirão o equilíbrio na vida.
Como?

- Não diminua seu próprio valor comparando-se com outras pessoas. Somos todos diferentes. Cada um de nós é um ser especial.
- Não fixe seus objetivos com base no que os outros acham importante. Só você tem condições de escolher o que é melhor para si próprio.
- Dê valor e respeite as coisas mais queridas de seu coração (entre elas, os amigos). Apegue-se a elas como à própria vida. Sem elas a vida carece de sentido.
- Não deixe que a vida escorra entre os dedos por viver no passado ou no futuro. Se viver um dia de cada vez, viverá todos os dias de sua vida.
- Não desista enquanto ainda é capaz de um esforço a mais. Nada termina até o momento em que se deixa de tentar.

- Não tema admitir que não é perfeito.
- Não tema enfrentar riscos. É correndo riscos que aprendemos a ser valentes.
- Não exclua o amor de sua vida dizendo que não se pode encontrá-lo. A melhor forma de receber amor é dá-lo. A forma mais rápida de ficar sem amor é apegar-se demasiado a si próprio. A melhor forma de manter o amor é dar-lhe asas. Corra atrás de seu amor, ainda dá tempo!
- Não corra tanto pela vida a ponto de esquecer onde esteve e para onde vai.
- Não tenha medo de aprender. O conhecimento é leve. É um tesouro que se carrega facilmente.
- Não use imprudentemente o tempo ou as palavras. Não se pode recuperar uma palavra dita.
- A vida não é uma corrida, mas sim uma viagem que deve ser desfrutada a cada passo.

Lembre-se: Ontem é história. Amanhã é mistério e *hoje* é uma dádiva. Por isso se chama “presente”.

NONO MANDAMENTO

"Faça da paixão
o foco da
manutenção."

É A LEI DA SUSTENTAÇÃO

As conquistas são resultado de ambição ou de paixão. Mas apenas a paixão tem a energia e a força para a manutenção das conquistas.

As duas maiores forças que operam para nos levar às conquistas são a Ambição e a Paixão, sendo que somente os resultados da Paixão são duradouros e sobrevivem.

AMBIÇÃO

Toda conquista promovida pela ambição é transitória e efêmera. O impulso maior da conquista é gerado por uma força interior que está presente no coração de todos os homens.

Em Gênesis 1:26, 27, Deus disse ao homem "dominai sobre...". O sentimento ou desígnio que Deus deu aos homens de domínio sobre o planeta, a natureza e a criação é, inconsciente ou intuitivamente, o que nos impulsiona na busca das conquistas. Por isso eu disse que a Ambição é uma das forças da conquista.

O homem ambiciona, por exemplo, ser milionário, e, para isso, não mede esforços para levantar cedo, gastar longas horas em busca das suas "conquistas" ou ambições. Também, as pessoas ambicionam se casar com pessoas bonitas, conquistar emocionalmente as pessoas que mais lhes "enchem os olhos". Essa força é movida por um impulso intuitivo de conquista e provém da própria natureza humana que Deus lhes delegou. Em outras palavras, "nascemos para sermos reis".

Todos os homens têm dentro de si o DNA da conquista, a semente, o desejo de conquistar, de se projetar, de crescer. Esse sentimento, porém, levado ao extremo, chega ao ridículo. Às vezes vemos alguns absurdos, especialmente no ambiente político, onde os egos dos homens mais fortes ficam clara e explicitamente demonstrados.

Em sua essência, isso não é bom nem mal, é apenas uma das forças criadas por Deus e colocada em nosso interior. Precisamos saber que elas existem, identificá-las, controlá-las e moldá-las. Felizes são aqueles que sabem usar a força da ambição como propulsora de uma paixão maior ou de uma missão.

O que promoveu o desenvolvimento da nossa civilização foi a força da ambição. Aventureiros e cientistas buscaram novas descobertas para se tornar famosos na história, para construir seus nomes, para deixar seus legados. Pessoas trabalham horas a fio para construir edifícios, empresas, instituições, megacorporações, que ficarão conhecidas não apenas em suas cidades ou países, mas no mundo inteiro.

Essa força propulsora tem sido usada para o bem da humanidade, mas também extremamente usada para o mal. A força que nos leva à conquista ou ao poder, em si mesma, é neutra ou insípida. Saberemos o seu poder e ação pela missão a que ela se submeterá; se do bem, para ajudar pessoas, ou do mal, para ferir pessoas, como li recentemente em um artigo: "O dinheiro não é neutro. A riqueza ou abençoará muitas pessoas ou ferirá muitas pessoas. Vai depender das mãos em que ela estará, e como será administrada".

Saber identificar essa força em sua vida e na vida de outras pessoas é muito importante para ajudar você a se relacionar e a viver. Conheço pessoas que se anulam, se escondem pelo simples horror de ver estampado, nas faces e no comportamento dos mais fortes, dos sobreviventes, o desejo egoísta de se projetarem. Às vezes, nesse desejo, algumas pessoas chegam à beira de doenças e psicopatias produzidas por essa ambição descontrolada.

Precisamos ser bastante saudáveis para não permitir que as partes deformadas dos desejos, da propulsão da ambição e da conquista, possam nos paralisar.

Em um dos meus livros, trabalho com a "síndrome do fracasso", inspirado na vida de Jotão, filho de Uzias, que se tornou "poderoso", porém não se corrompeu. Seu pai, Uzias, se tornou um dos reis mais poderosos de Israel. A Bíblia diz que ele formou exércitos, fortificou-se, construiu cidades com muralhas intransponíveis, enriqueceu a nação, desenvolveu o país. Porém, nos seus últimos dias, após ter se tornado famoso, ele se corrompeu; entrou no santuário para oferecer um sacrifício e tornou-se leproso. Seus últimos dias de vida foram uma tragédia: velho, fracassado, doente, ignorado, evitado por todos. Seu filho observou toda a história do pai e temeu, pois seria normal até, um enorme trauma ou paralisia no seu projeto de vida. Mas foi grande o suficiente para ver as falhas do seu pai, se corrigir e seguir adiante.

PAIXÃO

A outra grande força que promove a conquista humana é a Paixão. Não tem como separar a paixão da ambição; toda paixão contém, intrinsecamente, o conceito da ambição. Apenas é uma "ambição para o bem"; para uma causa em que ficamos apaixonados de forma genuína e contagiante, capaz de motivar pessoas ao sacrifício maior.

Um dos princípios que distinguem ambição de paixão é de que as missões motivadas pela paixão levam seu idealizador a se "nivelar" com seus subordinados. Geralmente, ele torna-se o primeiro a entrar e o último a sair, torna-se um inspirador. Como o objetivo é a Missão, e há uma paixão absoluta por ela, os meios, as hierarquias e as estruturas são subdimensionados pelo líder apaixonado. Por outro lado, o líder impulsionado pela ambição, ao mesmo tempo em que promove o seu avanço, enrijece as estruturas, já começa a desfrutar e gozar dos privilégios das conquistas.

A vida dos grandes conquistadores apaixonados marcou a história não apenas pelos seus feitos, mas pela maneira como foram alcançados aqueles feitos. Alexandre, o Grande, dormia nas tendas dos seus soldados, lutava como soldado, abraçava seus soldados, se misturava a eles nas batalhas, ocupava os pontos mais arriscados e perigosos nos confrontos. Já o rei Ciro, da Babilônia, contra quem Alexandre batalhou várias vezes e a quem venceu, nunca entrava nas batalhas; era um homem inacessível, sempre cercado pelos melhores pelotões e mais bravos soldados.

A mesma paixão havia em Júlio Cesar. O que encantava nesse homem, diante de suas tropas, era a sua capacidade de liderar, inspirando de forma apaixonada seus comandados.

Conhecemos em nossos dias cantores que alcançaram picos de sucesso, nomes que sobressaem, como Bono Vox. Lendo a sua biografia, me impressionei ao saber que ele fez 113 shows absolutamente idênticos em um ano, ou seja, quase dois shows por semana em diferentes partes do mundo, exatamente iguais, cantando as mesmas músicas, fazendo os mesmos gestos.

Você concorda que é necessária uma superdisciplina para realizar esse feito? Apenas uma grande paixão pode motivar uma pessoa a fazer 113 apresentações absolutamente idênticas; isso porque, após a décima, elas se tornam enfadonhas, cansativas, especialmente para ela. Aquele número de pessoas já não atraía mais, ou seja, se fosse apenas pela ambição do ego, esse projeto teria alcançado seu ápice e parado logo, como aconteceu na vida de muitos outros que conhecemos. O mesmo pode-se dizer dos atletas, dos grandes compositores e artistas que compõem o mundo artístico.

O que podemos perceber é que a colheita normalmente é resultado de uma fase de muita semeadura, de muito trabalho, de muita cautela e cuidado para com os pequenos processos. Semeamos, regamos, cuidamos e finalmente colhemos. A pergunta é: o que fazer após a colheita?

A colheita ocorre quando você tem uma árvore repleta de frutos, após todo o processo de plantio e cuidados de crescimento com ela. É o grande momento, o momento do *glamour*. A tendência, no mundo físico ou natural, é, após a colheita, pegar os frutos e usá-los. O objetivo daquele fruto é alimentar, ser usado para suprir milhares de pessoas ou consumidores. Mas não fazemos isso com nossa vida. Quando chegamos ao ápice de conquistas, queremos parar, congelar nossa existência naquele "pico" de onda ou clímax de sucesso. Mas a vida é dinâmica, ela segue.

Portanto, as pessoas que sabem pegar o "pico da onda" do sucesso e transformá-lo em uma semente de um novo ciclo continuam construindo história, e os que se paralisam ficarão para trás, serão lembrados por apenas um momento, apenas como um fato provisório; serão sobrepujados pelo tempo, pela história e por outros que os sucederão.

Portanto, faça da sua "apoteose" a semente de um novo ciclo. Se você tem paixão, não irá se embriagar com o sucesso de um resultado. Do ponto de vista espiritual, existe um grande risco do "culto ao *glamour* e ao sucesso do projeto". Cuide para que os resultados que você obtiver – a glória, a beleza – sejam somente uma semente para seu próximo ciclo, desafio, caminhada. Até mesmo porque a vida não para, e você entrará em novos ciclos, já devendo antever, planejar, estudar, projetar e semear.

O que Deus sempre nos ensinou nas colheitas do povo de Israel foi que os melhores frutos tornavam-se as melhores sementes. *Seus melhores frutos não podem tornar-se suas melhores refeições ou celebrações. Seus melhores frutos devem se tornar suas melhores sementes!*

A Ambição trabalha de olho no apogeu, no *glamour*, para "conquistar a onda". A Paixão trabalha de olho nos resultados. Ela sabe que passará pelo momento do apogeu, mas este será apenas um detalhe, um instante, embora importante, pois lhe dará milhares de novas sementes.

Então, não terá hesitação em sacrificar aquele momento, pois se tornará a semente de um novo ciclo. Já a Ambição adorará, se prostrará no altar daquela conquista.

O QUE É PAIXÃO?

> Você não pode acender o fogo no coração de qualquer pessoa até que o fogo esteja queimando em seu próprio coração. (John C. Maxwell)

ENTUSIASMO

Para alguns tipos de personalidade, ser entusiasta é muito fácil. Para outros, não. Veja os meus segredos para permanecer entusiasmado o tempo todo:

- O trabalho que estou fazendo é o mais importante. Minha visão, minha missão e minhas ações estão alinhadas. É fácil permanecer entusiasmado quando você está fazendo aquilo que é realmente importante.
- As pessoas com as quais trabalho são as melhores. Dou muito valor a todos os que trabalham comigo. Espero o melhor deles, e eles dão seu melhor. É uma situação em que todos saem ganhando.

- Os resultados serão positivos. Na maior parte da sua vida, você recebe aquilo que está esperando. Sempre espero pelo melhor e fico surpreso apenas em alguns poucos momentos. Porém, mesmo quando isso acontece, fico mais surpreso com os melhores resultados do que com os piores.

Ainda não encontrei um líder com uma atitude negativa crônica que tenha sido capaz de manter continuamente um impulso positivo.

O comprometimento é a entrega completa e entusiasmada a um objetivo, uma causa, uma missão. Os que mais aparecem, os que mais se destacam diante dos holofotes e aplausos, nem sempre são os que realmente "vestem a camisa". O que dá camisa é o coração. Vestir a camisa é trabalhar fazendo o que o coração sente. Quem faz um trabalho com entusiasmo capricha sempre no que faz. E está sempre buscando maior aprimoramento, porque a perfeição é um movimento que não para.

A motivação não funciona se for um movimento de fora para dentro: é preciso atingir a sensibilidade, tocar o coração do indivíduo, para animar a semente que cada um tem dentro de si. Semente divina, pois toda criatura é um criador em potencial. Sempre que faz um novo serviço, a pessoa entusiasmada acha que vai ser "o melhor de todos", porque o entusiasmo busca aprimoramento incessante. (Professor Gretz).

PAIXÃO X DINHEIRO

No livro *Making a Life, Making a Living* (Uma vida, uma existência), Mark Albion escreve sobre um estudo revelador a respeito de pessoas do mundo dos negócios que seguiram dois caminhos diferentes depois de se formarem na faculdade. Eis o que ele diz:

> Um estudo realizado com universitários da área de negócios acompanhou a carreira de 1.500 pessoas de 1960 a 1980. Desde recém-formados, os profissionais puderam ser caracterizados em duas categorias. A categoria A era composta por quem dizia querer ganhar dinheiro primeiro para fazer o que quisesse mais tarde, depois de cuidar de todas as preocupações relacionadas às finanças. Os da categoria B perseguiram primeiro seus verdadeiros interesses, confiantes de que ganhar dinheiro seria uma consequência.
>
> Qual o percentual de cada categoria? Das 1.500 pessoas da pesquisa, 83% correspondiam ao total incluído na categoria A, das que desejavam ganhar dinheiro agora, num total de 1.245 pessoas. Na categoria B, das pessoas que queriam assumir o risco, ficaram os demais 17%, ou 255 pessoas. Depois de vinte anos, havia 101 milionários entre os 1.500: um da categoria A e cem da categoria B.

O autor do estudo, Srully Blotnick, concluiu que:

> [...] a maioria esmagadora dos estudantes que se tornou próspera deveu seu sucesso ao trabalho que considerava

apaixonante [...]. Sua sorte surgiu da simples dedicação aplicada a uma área preferida.

O QUE PODEMOS APRENDER COM OS GANSOS?

1. Quando um ganso bate as asas, ele cria um vácuo para o pássaro seguinte. Voando em uma formação em V, o bando inteiro tem o seu desempenho 77% melhor do que se uma ave voasse sozinha.
   Moral da história: Pessoas que compartilham uma direção comum e senso de comunidade atingem seus objetivos mais rápido.

2. Sempre que um ganso sai da formação original, sente a resistência por tentar voar sozinho e rapidamente volta à formação, aproveitando a aspiração da ave à sua frente.
   Moral da história: Se tivermos sensibilidade, estaremos com aqueles que se dirigem para onde queremos ir, nos dispondo a dar e aceitar a ajuda dos outros.

3. Quando o ganso líder se cansa, muda para trás na formação e imediatamente outro assume seu lugar, voando na ponta.
   Moral da história: É preciso acontecer um revezamento das tarefas pesadas e dividir a liderança. As pessoas, assim como os gansos, são dependentes umas das outras.

4. Os gansos de trás na formação grasnam para incentivar e encorajar os da frente a aumentar a velocidade.
   Moral da história: Precisamos nos assegurar de que o nosso grasno seja encorajador para que a equipe aumente seu desempenho.

5. Quando um ganso fica doente, ferido ou abatido, dois gansos saem da formação e seguem-no para ajudá-lo e protegê-lo. Ficam com ele até que esteja pronto para voar ou morra. Só assim eles voltam ao procedimento normal, com outra formação, ou vão atrás de outro bando.
   Moral da história: Se tivermos bom senso, assim como os gansos, estaremos lado a lado nos momentos difíceis.

Em seu artigo, "Como se fabrica um vencedor!", Mauricio Góis diz:

> De que é feita uma pessoa vencedora? É possível fabricar uma? Com que matérias-primas? Que fatores de sucesso separam pessoas comuns das incomuns, ou as "ordinárias" das "extraordinárias"; ou as reativas das proativas? Por que algumas pessoas chegam lá rápido, enquanto outras passam a vida apenas tentando? Bem, se você quiser pertencer ao seleto clube dos bem-sucedidos, vá pelos caminhos dos vencedores. São os seguintes:

1. *Os vencedores ouvem sua voz interior, fazem o que gostam e gostam do que fazem.*

Ora, esse é o primeiro degrau da escada do sucesso. Se você gosta do que faz, não se estressa e faz bem-feito. A felicidade está em você profissionalizar o seu *hobby*, em você descobrir sua verdadeira vocação. É preciso ser um especialista polivalente, e não um generalista múltiplo, como se ensinou no passado. Certa vez um repórter perguntou à famosa atriz francesa do passado Sarah Bernhardt: "Você é feliz?". Ela deu a maior definição de felicidade que já vi: "Ora, o que eu mais gosto de fazer na vida é representar teatralmente nos palcos da vida, e quando as pessoas me pagam para me ver fazer o que eu mais gosto de fazer, é claro que sou feliz!". Se faz o que gosta, você nunca trabalha, se diverte, não vê as horas passarem, ouve sua voz interior e transforma seu potencial em performance, e seu empenho vira desempenho. Mas, se você não gosta do que faz, então lhe sobra a opção de acreditar no que faz. Porém, se você nem gosta nem acredita... bem, a alternativa seguinte não é lá muito boa: você é um candidato ao tédio, à fadiga, à rotina massacrante e, por fim, às doenças.

2. *Os vencedores nunca perdem o foco.*

Vencer é focar com inteligência, estratégia e ação. Perder é desfocar, desconcentrar, dispersar. Os vencedores são setas, os perdedores são círculos. Focar é definir prioridades e escrever planos de ação para alcançá-las. Focar é ter uma ideia só na cabeça e ir até o fim com ela. Thomas Edison tinha uma ideia só e a transformou na pergunta focada de sua vida: Como posso fazer o filamento se incendiar sem queimar a lâmpada? O problema do governo é uma pergunta só: Como posso diminuir a inflação equilibrando demandas? Focar é você fazer a pergunta certa que gera a emoção competente. Em vez de perguntar: Qual o trabalho que dá mais dinheiro hoje?, pergunte: Qual a minha verdadeira vocação? Quais são meus pontos fortes? Vencer é focar. E se concentrar corretamente, isto é, sempre naquilo que se quer e jamais naquilo que não se quer.

3. *Os vencedores possuem a ignorância seletiva dos besouros.*

Os besouros não podem voar. Qualquer estudante sabe que o corpo do besouro contraria as leis mais elementares de aerodinâmica. Já contaram essa descoberta para todo mundo, para os engenheiros, para os cientistas etc., só se esqueceram de contar para os besouros. Definição de besouro: é um ser que só voa porque não sabe que não pode. Essa é uma das características dos vencedores: eles realizam o impossível porque não sabem que é impossível, têm atrevimento criador e ousam dar passos além do medo. Quando você sobe uma montanha e sabe que não tem a opção de descer, você sobe com mais garra. Existe uma estória sobre uma formiguinha que conseguiu atingir uma lata de mel aberta no alto do armário da cozinha. Milhares de formigas mais atletas que ela já tinham tentado, sem resultados. Sabe por que ela conseguiu? Por que tinha impulso de ego? Superação pessoal? Energia inquieta para resultados? Disciplina e determinação férreas? Nada disso. Ela só conseguiu porque era surda. Ela não conseguia ouvir as outras formigas dizerem que a tarefa era impossível. Saber ouvir é uma grande regra para vencer: ouvir para compreender, não para responder, ouvir ideias, não palavras, ouvir ativamente. Ficar surdo de tanto ouvir é um segredo de ouro, mas ser um surdo empático pode, em alguns casos, fazer toda a diferença.

4. *Os vencedores sabem que o referencial do ato de vencer são sempre eles mesmos, nunca os outros.*

Esta regra é poderosíssima. O que é vencer? É superar os recordes do campeão olímpico admirado? É ser o galã da vez da novela das 8? É ter a beleza do Paulo Zulu, o dinheiro do Silvio Santos ou o talento do Jô Soares? Vencer não é você superar os outros, é você superar a si mesmo. Não adianta você querer bater os recordes dos outros, importante é você bater a cada dia os seus próprios recordes. Entenda: se você ganha R$ 1.000 por mês e, por causa de uma ação estratégica vencedora, passa a ganhar, no outro mês, R$ 2.000, você ganhou "mais" que o Silvio Santos porque, provavelmente, ele não dobrou o faturamento em um ano e você dobrou. Se você se concentra nos outros, acaba se frustrando, pois sempre haverá alguém que terá mais resultados que você. Vencer é você concorrer consigo mesmo, não com o mundo. A Gillette soube disso e ganhou muitos pontos no mercado. Há muito tempo que a Gillette "destrói" alguns de seus produtos por causa de alguns outros melhores que são lançados. Ninguém duvida que, em breve, ela anunciará um barbeador com quatro lâminas. A filosofia da Gillette devia ser a de todos os candidatos a vencedores: Faça isso antes de seu concorrente.

5. *Os vencedores trocam fantasias por alvos.*

Os perdedores têm fantasias ou sonhos, os vencedores têm objetivos. Os perdedores dizem: Estou ficando gordo, quero perder a barriga... Os perdedores dizem: Quero diminuir a área da cintura, que é de 112 cm, para 97 em até 15 de dezembro de... Os vencedores têm indicadores de medidas e quantificam suas metas com datas fatais limites. Há muito que se fala que a diferença entre um sonho e um objetivo é uma data. E há muito que a ideia ficou óbvia e foi esquecida. Os vencedores são gênios a ponto de perceberem a obviedade das coisas.

6. *Os vencedores não violentam seu jeito de ser nem seu estilo de personalidade.*

É isso mesmo! Há sempre alguma coisa que cai melhor em você do que em qualquer outra pessoa, por isso vencer é descobrir que coisa é essa e torná-la sua característica diferencial, sua vantagem competitiva. Você tem boa voz? Então, narre mais do que mostre. Sua voz é a de um sapo resfriado? Então, mostre mais do que narre, exponha visuais, gráficos motivadores. Você tem senso de humor? Então, use-o para convencer e vencer. Você é sério demais? Use isso para inspirar credibilidade e passar convicção e seriedade. Vencer é você fortalecer ainda mais o que já é forte em você. Não tente imitar ninguém. Imagine o seguinte diálogo. Um repórter pergunta a Ronaldinho: você gostaria de ser um segundo Pelé? E imagine ele respondendo: Não, eu não quero ser um segundo Pelé, quero ser um primeiro Ronaldinho. Isso é vencer.

7. *Os vencedores administram seu tempo com excelência.*

O tempo é a matéria-prima da vida. É um bem inelástico, isto é, sempre há mais trabalho para se fazer, nunca mais tempo. Os vencedores jamais dizem que o tempo passa. Eles sabem que o tempo nunca passa, ele sempre fica, pois quem passa somos nós. Nunca dizem que o tempo voa, pais ele tem velocidade inalterada, nós, sim, é que somos lentos, ou agitados, ou paranoicos. Nunca dizem que precisam planejar o tempo. Sabem que precisam é planejar a si mesmos, pois o tempo já foi planejado par Deus. Vencer é saber usar o tempo obtido. Os vencedores ganham tempo lendo livros nas filas ou ouvindo CDs sobre crescimento pessoal quando estão parados em engarrafamentos. Os vencedores colocam tempo nas coisas e coisas no tempo, dividem as tarefas entre urgentes e importantes, e colocam coração e energia nas prioridades certas. Eles sabem que o tempo é um dinheiro que você somente saca no Banco da Vida, nunca deposita. Vencer é ser excelente no tempo.

8. *Os vencedores são inteligentes emocionais persistentes.*

Emoção de persistência para ação de resultados, esse é o lema dos vencedores. Michael Jordan errava 50% das cestas que tentava, mas sua emoção de persistência o fez vencer. Paul Newman viajou mais de 18 anos como um ator desconhecido, mas sua emoção de persistência o consagrou. O cantor Daniel e seu companheiro João Paulo ficaram anos e anos fazendo shows pelo Brasil como uma dupla comum e barata, mas a persistência os levou ao estrelato. O jogador Rivelino disse uma vez que quase desistiu de jogar futebol de tanto ver portas se fecharem, mas sua persistência o transformou num tricampeão. Muitas cenas geniais de filmes premiados foram refilmadas mais de vinte vezes. A persistência é a mãe da qualidade total. Persistência sem talento leva à frustração, mas talento sem persistência leva ao fracasso.

9. *Os vencedores têm um quociente de versatilidade maior que o quociente de inteligência.*

Quem vence mais rápido? Uma pessoa muito versátil ou outra apenas muito inteligente? As pesquisas têm mostrado que os inteligentes versáteis chegam lá mais cedo. Mas, se tivermos que escolher entre os dois, as experiências revelam que versatilidade é melhor que inteligência. O ator Lawrence Olivier já dizia: "Nenhum talento vale nada se você não tiver talento para mostrar o seu talento". Acredite: vencer é 70% versatilidade e 30% inteligência convencional. Mas se formos acrescentar emoções à inteligência, então, tudo muda. Vencer é 20% competência técnica e 80% competência emocional.

10. *Os vencedores sabem gerenciar o inesperado das mudanças.*

As pessoas vencedoras se concentram nas oportunidades, não nos problemas, por isso gerenciam o inesperado e são proativas, isto é, passam a maior parte do tempo explorando o futuro, e não reagindo ao passado como fazem as pessoas reativas. Os vencedores percebem os ecos do futuro, os perdedores apenas ouvem os problemas do passado e as ameaças do presente. O passado não garante mais o sucesso no presente. A vitória vem do futuro. Por isso, é importante aceitar que ninguém consegue prever o futuro; é preciso reinventá-lo. É preciso perguntar: Como será o futuro nos próximos três anos? Como serão os clientes, fornecedores e concorrentes nos próximos três anos? Como serão as necessidades e desejos dos consumidores nos próximos três anos? E, depois de definido o cenário, é preciso definir os personagens, isto é, você deve perguntar: Será que estou tendo hoje as características dos que vão receber esse futuro que começou ontem? Os atributos que me fazem vencer hoje me farão vencer amanhã? Quais serão as exigências de empregabilidade daqui a três anos? Perguntar para mudar. E mudar para permanecer vivo na competição: isso é vencer.

DÉCIMO MANDAMENTO

"Apague as páginas de derrotas sobrepondo a elas páginas de vitórias."

É A LEI DA DECISÃO X PERMISSÃO

Tragédias, perdas e escândalos podem sobrevir a qualquer pessoa por diferentes maneiras e diferentes causas. Enquanto estivermos vivos, teremos a possibilidade de sobrepor a eles acontecimentos positivos, reconstruindo, assim, a nossa história.

A vida é extremamente dinâmica, e esse dinamismo faz com que coisas boas e más possam acontecer continuamente. Estamos sujeitos a acontecimentos que nos levam, repentinamente, ao topo do pódio, ou à glória em nossa vida, especialmente aquelas pessoas que seguem uma missão e pagam o preço em busca de um desígnio dado por Deus. A qualquer momento Deus pode enviar a você uma "ponte" de favor e de graça que o colocará "frente a frente com o rei" ou, de repente, você poderá ser "trasladado das malhadas para o palácio", como Deus fez com Davi.

Em 24 horas Deus fez de Davi, uma pessoa absolutamente desconhecida e obscura, o homem mais comentado e importante da nação israelita. Ele saiu do anonimato ao heroísmo como um relâmpago. O mesmo aconteceu com José e com Rute, a moabita.

Esses exemplos nos mostram que, quando andamos com Deus e estamos debaixo da Sua mão poderosa, o favor pode nos sobrevir repentinamente, abrindo portas que estavam fechadas e levando-nos para a frente dos holofotes. Para as pessoas que pagam um preço preparando-se para uma missão importante, isso não será surpresa; apenas o cumprimento de uma promessa.

Entretanto, ao mesmo tempo que a vida pode nos projetar para cima, também poderá nos projetar para baixo. Embora confiemos nas promessas e nas misericórdias de Deus e na Sua aliança de proteção, temos de saber que tragédias, fracassos e perdas acontecem a todos os seres humanos e, muitas vezes, de formas repentinas e inesperadas.

Como disse Mike Murdock, em seu livro O *desígnio*, "o sucesso nos sobrevém por uma decisão, enquanto o fracasso nos sobrevém por uma permissão". Ou seja, o sucesso é resultado de todo um trabalho, de toda uma luta, de uma visão, construído pedra sobre pedra, dia após dia, ano após ano.

Construir leva tempo, disciplina, foco, visão, aprendizado. Destruir leva um instante. Apenas uma permissão, por exemplo, para um pecado, e tudo o que você construiu poderá cair; apenas uma permissão licenciosa joga no chão toda a história de casamento e de família que você arduamente construiu. Apenas uma permissão para uma operação financeira ilícita, e toda a sua reputação poderá ruir.

A vida nos relata muitas histórias de tragédias, fracassos e perdas. A própria Bíblia nos relata fatos e acontecimentos com pessoas que estavam sob o "tratamento de Deus" em sua vida. Não podemos negar que a venda de José para o Egito foi uma tragédia para o seu pai. Para os seus amigos e companheiros foi uma perda, mas para seu pai foi muito além, foi uma tragédia. Porém, como José estava debaixo de uma aliança com Deus, aquela tragédia foi um "passaporte" para um propósito. Ou seja, podemos estar absolutamente certos, nós que andamos com Deus, de que, quando perdas, fracassos ou tragédias sobrevierem, estarão apenas servindo de "ponte" para situações de honra, favor e glória que nos esperam no futuro.

Eu sou testemunha da perda de um grande patrimônio na vida do meu próprio pai. Meu pai construiu todo o seu patrimônio com uma história de luta, trabalho e extrema disciplina. Lembro-me dele se levantando às 4 horas da manhã, carregando seus caminhões de café ou feijão, ou até mesmo melancias e abóboras, e indo para Brasília, que distava cerca de 300 ou 400 quilômetros de nossa fazenda, na cidade de Ouro Verde, em Goiás, para vendê-los. Não conheci uma pessoa tão motivada para o trabalho quanto meu pai. Não havia hora, dia, noite, sol, chuva que fosse capaz de o deter. Ele trabalhava incansavelmente.

Com essa luta tão árdua ele construiu seu patrimônio, que veio a perder posteriormente, na tentativa de ganhar mais. Ele arriscou tudo o que tinha em financiamentos para lavouras de novas culturas, como soja e arroz. Lembro-me da experiência dolorosa quando ele plantou todos os seus 500 hectares com soja, extremamente adubados, irrigados e sob controle profissional. Os técnicos e consultores agrícolas lhe haviam garantido que ele colheria em sua fazenda de soja pelo menos 10 a 20 sacas por ano, o que lhe projetaria um lucro, no mínimo, duas ou três vezes maior, ou seja, em um ano ele duplicaria seu patrimônio.

Em uma madrugada, às 4 horas, acordei com um barulho de todos os "peões" entrando e saindo da nossa casa, e caminhões e caminhonetes roncando seus motores. Juntei-me ao grupo, sem saber direito o que estava acontecendo e para onde estávamos indo. Meu pai, ao me ver, pegou-me pela mão e me fez subir na carroceria da caminhonete em que ele estava. Meia hora depois, chegamos à lavoura de soja, quando o sol estava nascendo.

Que surpresa tive ao ouvir um barulho ensurdecedor, como o de uma turbina de avião. Ao olhar para a lavoura, não consegui enxergar a soja que já deveria estar granulada, apenas um tapete negro debruçado sobre ela. Desci da caminhonete e, ao me aproximar da lavoura, surpreendi-me com uma nuvem de gafanhotos. Eles faziam um barulho ensurdecedor, movendo as asas e os ferrolhos, suas garras de corte. Ao meio-dia, a maior parte da lavoura estava destruída.

Para minha surpresa maior ainda, esses gafanhotos, ao chegarem à cerca da divisa do nosso vizinho, seu Agostinho, morriam. Avolumavam-se em pilhas aos pés da cerca. Nenhum deles entrou na lavoura de seu Agostinho, o que me impressionou imensamente. Perguntando ao meu pai o motivo de a lavoura do vizinho não ter sido atingida, a única explicação foi: "Seu Agostinho conhece uma reza muito forte, por isso estava protegido".

A reza do seu Agostinho era a fé evangélica que ele possuía. No domingo seguinte, estava seu Agostinho na fazenda do meu pai, com uma bíblia vermelha na mão, com mais duas senhoras, lendo o Salmo 91 e pregando o Evangelho para todos nós. Aliás, ele não sabia ler, mas pediu a minha mãe, então diretora da Escola Rural, que fizesse a leitura do Salmo 91. Após a leitura, eles cantaram um hino que dizia: "Foi na cruz, foi na cruz onde eu vi meus pecados castigados em Jesus". Foi a primeira vez que eu ouvi o Evangelho e vi meu pai derramar lágrimas no rosto. Não nos convertemos naquele dia, mas foi-nos plantada uma grande semente, bem em meio àquela perda financeira imensurável.

O que você faria, se fosse pastor de uma das mais bem-sucedidas igrejas de sua nação, uma igreja com ênfase em "comunidade", com mais de 2 mil membros, morando próximos uns dos outros, alcançando os maiores milionários da cidade e do estado, e de repente ficasse sabendo que a sua esposa havia decidido abandoná-lo para juntar-se a um presbítero da igreja? Essa experiência dolorosa da perda da família e do ministério aconteceu na vida de um amigo muito próximo a mim. Reconstruir a vida após um golpe desse não é fácil. Não é simples para alguém que perdeu seu nome, sua reputação ministerial e sua família, saber lidar com o que restou, seu relacionamento com os filhos e com os parentes, e reconstruir toda a sua vida pessoal, familiar e ministerial.

Mas eu sou testemunha da reconstrução de fatos como esse. Tenho amigos e conhecidos que foram vítimas de perdas, fracassos e tragédias de uma forma inteiramente involuntária, como também conheço pessoas, algumas amigas, que perderam seus ministérios e carreiras por simples escolhas frias e conscientes de que não queriam mais prosseguir naquele casamento ou naquela trajetória de vida ministerial. Acharam o fardo pesado demais. Preferiram abrir mão de tudo o que tinham, se refugiando na solidão e no ostracismo de uma vida melancólica, de um projeto pessoal completamente oposto ao que, até então, haviam construído. Ministros e pastores famosos por escreverem livros e venderem mensagens, extremamente conhecidos, de repente tomaram decisões na contramão de toda a sua história e sua vida.

Você conhece a trajetória de vida do presidente americano Abraham Lincoln? Veja a seguir um resumo dela:

- 1816 - sua família perdeu a casa e ele teve de começar a trabalhar para sustentá-la;
- 1818 - sua mãe faleceu;
- 1831 - faliu pela primeira vez;
- 1832 - perdeu a eleição para deputado estadual;
- 1832 - perdeu o emprego e foi recusado ao tentar a faculdade de Direito;
- 1834 - ganhou a eleição para deputado estadual;
- 1835 - sua noiva faleceu e ele ficou desolado;
- 1836 - teve um colapso nervoso e ficou seis meses de cama;
- 1838 - foi indicado para porta-voz do governo e derrotado;
- 1840 - foi indicado para o Colégio Eleitoral e perdeu;
- 1843 - foi candidato ao Congresso e perdeu;
- 1846 - foi candidato ao Congresso e ganhou, fazendo um bom trabalho;
- 1848 - foi candidato ao Congresso e perdeu;
- 1849 - foi indicado para o Cartório de Registro de Imóveis, em seu estado;
- 1854 - foi candidato ao Senado e perdeu;
- 1856 - concorreu a vice-presidente pelo seu partido e obteve menos de 100 votos;
- 1858 - foi candidato ao Senado e perdeu;
- 1860 - foi eleito presidente dos Estados Unidos.

> O caminho foi escorregadio e difícil. Um de meus pés escorregou, empurrando o outro para fora da estrada, mas eu me levantei e disse a mim mesmo: é apenas um deslize, e não uma queda.

Tragédias, perdas e fracassos convivem com a história humana, e o que melhor podemos dizer a nós mesmos é que, se situações e circunstâncias como essas nos abaterem e Deus nos permitir vida e fôlego, teremos o desafio e a oportunidade de construir novos capítulos em nossa vida. Não importa tanto aquilo que nos sobrevém enquanto caminhamos em nossa história, mas importa muito como fechamos essa história.

Você conhece a vida de Jó, na Bíblia? Jó foi vítima de um "furacão" que invadiu sua vida repentinamente. Ele perdeu seus filhos, seus bens e sua saúde num piscar de olhos. Mas Jó, após uma longa noite de escuridão espiritual, conseguiu reconstruir, escrever o segundo capítulo de sua vida, e a própria Bíblia testifica que ele tornou-se duas vezes mais rico e mais abençoado.

> Jó 42:10-17 – E o Senhor virou o cativeiro de Jó, quando orava pelos seus amigos; e o Senhor acrescentou, em dobro, a tudo quanto Jó antes possuía. Então vieram a ele todos os seus irmãos, e todas as suas irmãs, e todos quantos dantes o conheceram, e comeram com ele pão em sua casa, e se condoeram dele, e o consolaram acerca de todo o mal que

> o Senhor lhe havia enviado; e cada um deles lhe deu uma peça de dinheiro, e um pendente de ouro. E assim abençoou o Senhor o último estado de Jó, mais do que o primeiro; pois teve catorze mil ovelhas, e seis mil camelos, e mil juntas de bois, e mil jumentas. Também teve sete filhos e três filhas. E chamou o nome da primeira Jemima, e o nome da segunda Quezia, e o nome da terceira Quéren-Hapuque. E em toda a terra não se acharam mulheres tão formosas como as filhas de Jó; e seu pai lhes deu herança entre seus irmãos. E depois disto viveu Jó cento e quarenta anos; e viu a seus filhos, e aos filhos de seus filhos, até a quarta geração. Então morreu Jó, velho e farto de dias.

O que você pode dizer de uma pequena, suave e abençoada esposa que aguardava o marido, piloto de avião, chegar de uma viagem internacional, cumprindo sua missão, seu trabalho, como fazia rotineiramente. Quando ele chegou, pegaram o carro da família e se dirigiram ao interior do estado onde moravam para ver sua mãe, que morava a quatro horas de viagem. Na volta, aquele jovem piloto bateu o carro, ceifando sua vida e a de seus filhos, deixando aquela jovem mulher absolutamente sozinha para reconstruir sua história e sua vida!

O que você diria da história de uma jovem mulher, mãe de dois filhos, esposa e extremamente fiel, feliz e dedicada, enfermeira de oncologia em um hospital de uma modesta cidade do interior do país que, aos 34 anos, descobriu que estava com um câncer fulminante, que já havia espalhado suas metástases para todo o seu corpo, projetando apenas seis meses de vida! Veio a falecer, mesmo após toda a oração e luta espiritual da igreja e de milhares de amigos em todo o país!

Como você pode explicar a história a seguir? Uma mãe de três rapazes, de 21, 18 e 15 anos de idade, casada com um marido maravilhoso, empresário, ouviu dos lábios do seu esposo a seguinte frase: "Em 23 anos de casados nunca tivemos uma discussão... nosso casamento é perfeito... nascemos um para o outro... foi amor à primeira vista... você foi a única mulher que eu namorei... vivemos o céu na terra..." Um dia uma tragédia ceifou a vida dessa jovem mulher. Saindo de viagem para Goiânia, ela tomou a decisão de que não viajaria mais, mas que iria acompanhar um de seus filhos para fazer o alistamento militar. Três horas depois, seu filho estava dirigindo por uma estrada de asfalto absolutamente isolada, sem nenhum trânsito, e um caminhão carregado de leite saiu de uma estrada vicinal de terra e colidiu com o carro, e ela faleceu na mesma hora.

Como podemos explicar tragédias como essas? Aquilo que não conseguimos explicar é porque não compreendemos, e o que não compreendemos hoje, com nossa capacidade de percepção e universo de compreensão, precisa ser colocado nas mãos do nosso Deus eterno, como um "voto" de confiança absoluto. Na eternidade compreenderemos todos esses fatos. Por enquanto, só sabemos que Ele continua sendo o nosso Deus e o nosso Senhor!

No livro dos Hebreus, capítulo 11, lemos sobre os "heróis da fé" e uma lista de homens e mulheres que venceram suas lutas e tribulações. A maior parte deles venceu com triunfo e glória neste mundo. O texto segue dizendo que "alguns foram serrados pelo meio" ou "perseguidos" ou "mortos pelos leões", mas foram vencedores.

> Hebreus 11:33-38 – Os quais pela fé venceram reinos, praticaram a justiça, alcançaram promessas, fecharam as bocas dos leões, apagaram a força do fogo, escaparam do fio da espada, da fraqueza tiraram forças, na batalha se esforçaram, puseram em fuga os exércitos dos estranhos. As mulheres receberam pela ressurreição os seus mortos; uns foram torturados, não aceitando o seu livramento, para alcançarem uma melhor ressurreição; e outros experimentaram escárnios e açoites, e até cadeias e prisões. Foram apedrejados, serrados, tentados, mortos ao fio da espada; andaram vestidos de peles de ovelhas e de cobras, desamparados, aflitos e maltratados (dos quais o mundo não era digno), errantes pelos desertos, e montes, e pelas covas e cavernas da terra.

Vencedor não é apenas quem triunfa neste mundo, mas aquele que triunfa na sua missão, no chamado que Deus lhe deu. A maior de todas as lições nos é dada pelo autor do hino "Sou Feliz".

Este hino foi escrito por Horatio G. Spafford (1828-1888). Meses antes do grande incêndio que atingiu a cidade de Chicago, em 1871, Horatio tinha feito pesados investimentos financeiros em uma área que foi totalmente destruída pelo fogo. Não bastasse esse terrível abalo financeiro, Spafford passou pela dolorosa perda de um filho. Essa morte trouxe grande sofrimento para toda a família. O piedoso advogado, procurando um tempo de refrigério e descanso, resolveu viajar com a esposa e as quatro filhas para a Europa, onde se encontraria com Moody e Sankey em uma cruzada evangelística na Inglaterra, em 1873.

Em novembro daquele ano, devido a inesperados compromissos de negócios, Spafford precisou permanecer em Chicago; mas ele enviou a esposa e as quatro filhas, conforme já estava programado, no navio S.S. Ville du Havre. Sua expectativa era seguir viagem dias depois. No dia 22 de novembro de 1873, o navio sofreu um acidente e naufragou em 12 minutos. Dias depois, os sobreviventes finalmente chegaram a Cardiff, no País de Gales (Grã-Bretanha), e a senhora Spafford mandou um telegrama ao marido: "Salva, porém só". As quatro filhas morreram naquele naufrágio. Imediatamente após receber o telegrama da esposa, Spafford tomou um navio e foi ao seu encontro. Ele escreveu a letra desse hino quando outro navio, que o transportava para a Inglaterra, chegou perto do local da tragédia.

Este homem, cristão e fiel, em meio às dores, ao sofrimento, às tormentas mentais, encontrou abrigo nas palavras desse hino que escreveu, gravado recentemente na voz do meu amigo Fernandinho. Em uma entrevista ao meu programa de TV, Fernandinho contou-me a história da sua própria irmã, a jovem mãe de 34 anos que faleceu de câncer, que relatei há pouco.

A história do cristianismo mostra a possibilidade de perdas, fracassos e tragédias nos sobrevirem, às vezes repentinamente, às vezes paulatinamente. Às vezes involuntariamente, outras vezes por escolhas e decisões frias e impensadas, por mudanças de rumo e trajetória de vida.

O importante é que saibamos que, enquanto tivermos vida, devemos crer, como disse Davi no episódio da morte do seu filho gerado pelo incesto entre ele e Bate-Seba:

> 2 Samuel 12:22, 23 – Vivendo ainda a criança, jejuei e chorei, porque dizia: Quem sabe se Deus se compadecerá de mim, e viverá a criança? Porém, agora que está morta, por que jejuaria eu? Poderei eu fazê-la voltar? Eu irei a ela, porém ela não voltará para mim.

Se você tem vida, tem possibilidade de reverter a sua história, repaginá-la, sobrepondo-a às páginas escuras e dolorosas de tragédias, fracassos e perdas, criando e abrindo novas páginas de vitórias.

Nada resiste à força do trabalho e do amor. Se no seu contexto de vida você perdeu patrimônios, relacionamentos, bens preciosos, saiba que é possível reconquistá-los. O amor e o trabalho são forças universais. Sou testemunha ocular de que a hostilidade se vence pelo amor. Sou testemunha das batalhas para a reconstrução dessas vidas citadas anteriormente. Portanto, temos que nos conscientizar de que, independentemente das circunstâncias que nos aguardam, é possível reconstruir, é possível sobrepor às páginas escuras de tragédias e de dores novas páginas de situações e realidades de vitórias!

Que Deus abençoe a sua vida!

Robson Rodovalho

Este livro foi composto em Electra e Frutiger
para a Editora Planeta do Brasil
em outubro de 2014.